TRANSLATIO
sous la direction de Florence Lautel-Ribstein
et Marc-André Buhot de Launay
4

Série *Problématiques de traduction*
3

# La traduction juridique et économique

Ouvrage publié avec le soutien de l'université Paris – Nanterre

# La traduction juridique et économique

## Aspects théoriques et pratiques

Sous la direction de Franck Barbin
et Sylvie Monjean-Decaudin

PARIS
CLASSIQUES GARNIER
2019

Franck Barbin est maître de conférences en traduction à l'université Rennes 2 où il dispense des cours en traduction économique et juridique. Ses recherches, portant sur la traduction interculturelle et en sciences humaines et sociales, sont nourries par son expérience de traducteur professionnel. Il occupe les fonctions de secrétaire général de la SEPTET et de secrétaire adjoint de la SoFT.

Sylvie Monjean-Decaudin est docteure en droit et professeure à Sorbonne Université où elle dispense des cours de traduction juridique. Elle est la fondatrice du Centre de recherche interdisciplinaire en juritraductologie (Paris) qu'elle dirige depuis 2012.



ISBN 978-2-406-09578-1 (livre broché)
ISBN 978-2-406-09579-8 (livre relié)
ISSN 2648-6768

# INTRODUCTION

Les études en traductologie semblent bel et bien être intarissables. C'est en tout cas ce qu'a démontré le Congrès mondial de traductologie, qui a été organisé par la SOFT et qui s'est tenu du 10 au 14 avril 2017 à l'université Paris-Nanterre, en réunissant pas moins de 1 000 participants. La traductologie a été traitée sous ses multiples facettes, parmi lesquelles la traduction de spécialité a pris naturellement place.

Dans ce domaine d'études, l'analyse des traductions juridique et économique ne pouvait manquer à l'appel tant l'actualité de la thématique que la pertinence de son étude sont patentes.

C'est, du moins, ce dont la présente publication fait montre.

Le monde d'aujourd'hui engendre des flux d'informations en quantité croissante, à une rapidité exponentielle et dans un nombre de langues en constante progression. À cela s'ajoute la diversité des canaux de communication, dont la traduction, déclinée dans une variété de supports à prédominance numérique. Il en résulte un foisonnement d'études scientifiques portant sur ce phénomène communicationnel multilingue, auquel la traduction participe grandement, pour ne pas dire qu'elle en est la clé de voute.

Aux prises avec la mondialisation, la pratique de la traduction spécialisée dans les domaines juridique et économique se démarque des autres types de traduction, telle la traduction littéraire. Toutefois, si le droit et l'économie font partie des sciences humaines et sociales, il n'en demeure pas moins que les spécificités intrinsèques de chacune de ces disciplines requièrent une analyse propre et affinée. C'est ce que nous démontre la richesse des contributions réunies dans cet ouvrage collectif. Les contributions qu'il recueille traitent sous des angles variés des problématiques liées à la traduction, dans l'une ou dans l'autre, de ces deux disciplines.

Dès lors, nous nous sommes posé la question suivante : comment présenter un ouvrage collectif d'une douzaine de contributions traitant de deux disciplines connexes mais spécifiques, sans procéder à une juxtaposition ?

Il aurait été, en effet, aisé de présenter dans deux parties distinctes, d'une part la traduction juridique, d'autre part la traduction économique. Mais cette solution de simplicité n'aurait pas été justifiée d'un point de vue scientifique.

Il nous a, par conséquent, semblé opportun de nous demander ce que les traductions juridique et économique peuvent partager entre elles. Nous avons observé que toutes deux posaient des questions théoriques et pratiques qu'il serait pertinent de réunir autour de problématiques communes. D'où le choix de cet ouvrage de s'interroger sur chacune des questions fondamentales soulevées en quatre parties : la question épistémologique (Partie 1), la question des politiques linguistiques (Partie 2), la question méthodologique (Partie 3) et la question déontologique (Partie 4).

La première partie est consacrée à la question épistémologique de la traduction juridique et économique. Cette question se pose d'emblée, comme préliminaire, avant d'entrer dans le vif des problématiques posées par les disciplines respectives.

Le chapitre « La juritraductologie : où en est-on en 2018 ? » (Sylvie Monjean-Decaudin) dresse un état des lieux de l'émergence de ce nouveau champ d'étude interdisciplinaire. Fruit de l'évolution des recherches en droit, en linguistique juridique et en traductologie, la juritraductologie offre un nouveau cadre conceptuel utile tant au développement théorique de la nouvelle discipline, qu'à la mise en œuvre d'applications concrètes à destination des professionnels. Pour ce faire, la juritraductologie se fonde sur deux piliers qui constituent son socle épistémologique : le *droit de la traduction* et la *traduction du droit*.

De même, le vaste domaine que représente la traduction économique, complétée à juste titre de la traduction financière et commerciale, développe ses propres théories dont l'utilité praxéologique s'avère indéniable. Le chapitre sur les « Spécificités de la traduction économique, financière et commerciale » (Franck Barbin) tente de circonscrire et de définir ce vaste domaine. Il permet ainsi de dresser une typologie des documents sources possibles et de proposer un traitement traductif pour chaque type, exemples de traduction à l'appui.

La deuxième partie soulève la question des politiques linguistiques de la traduction juridique et économique. L'approche vise à situer la traduction réalisée dans les divers contextes institutionnels, que ce soit au niveau international, régional ou national. Cet angle de vue permet d'affiner les analyses portant sur les moyens mis en œuvre, et de les ajuster à des réalités éprouvées. Peut-on imaginer que les services linguistiques des multiples organisations et institutions dans le monde, obéissent aux mêmes règles de réalisation des traductions ?

Les politiques linguistiques menées par chaque institution conduisent, entre autres, à opérer des pressions sur les langues, les lexiques et la traduction.

Il en est ainsi de « La traduction à l'ONU » (Marie-Josée de Saint-Pierre) qui se voit investie d'une mission éminemment importante au service de la paix et de la sécurité dans le monde. Au sein de la plus grande organisation internationale regroupant 193 États membres et rédigeant ses textes dans six langues officielles, la traduction doit répondre aux exigences organisationnelles des services tout en assurant la cohérence intertextuelle dans le temps, au fil des textes traduits. Non seulement ces impératifs ont une incidence sur la pratique traductive mais ils apportent, en outre, un éclairage précieux pour la théorie de la traduction, en général, et juridique/économique, en particulier.

L'Europe, ayant fait le choix du multilinguisme intégral, d'autres perspectives d'analyses de la nécessité de cohérence des textes se profilent. « Le droit en partage dans l'Union européenne. Définitions et traductions » (Isabelle Pingel) illustre le caractère indissociable entre le vocabulaire juridique, la définition des concepts et l'application uniforme du droit européen exprimé dans 24 langues au sein des 28 États membres. La production normative passe par des définitions de concepts autonomes nécessitant, aux fins de stabilité sémantique, d'être répertoriées dans des lexiques ou glossaires multilingues. Des outils ont été créés et parmi ceux-ci la base IATE ("*Inter-Active Terminology for Europe*") fournit une aide indispensable qui, même si elle est perfectible, permet d'assurer la cohérence terminologique au sein de l'Union.

Quelle posture adopter dès lors qu'il faut traduire dans des langues non-officielles des institutions internationales ? Cette question est soulevée pour « La traduction en turc des concepts autonomes de la Convention européenne des droits de l'homme » (Deniz Kurmel), une situation qui ne va pas sans poser de problèmes. Dès lors qu'il s'agit de traduire des notions aussi spécifiques et complexes que « détention », « suspect » ou « condamné », le choix terminologique pèse de tout son poids sur les enjeux pour les droits humains. Il faut aller chercher au plus profond de l'analyse textuelle, tant dans la Convention que dans la jurisprudence de la Cour européenne des droits de l'homme, afin d'extraire la quintessence sémantique des concepts autonomes à traduire dans une langue non-officielle, tel le turc.

Lorsque l'institution n'est plus seulement internationale mais également nationale, la question stratégique se pose-t-elle à l'identique ? Les politiques monétaires pèsent-elles sur les choix linguistiques opérés à l'issue de la traduction ? L'analyse des « Aspects perlocutoires, discursifs et traductionnels dans la terminologie de la BCE. Un regard croisé franco-italien » (Danio Maldussi) nous éclaire sur le degré d'opacité ou de transparence des syntagmes *Forward Guidance* et *Quantitative Easing*. La stratégie de communication institutionnelle de la Banque centrale européenne, en matière de politique monétaire, a des répercussions sur la manière dont la presse italienne et française va retranscrire les informations dans leur langue respective.

La troisième partie s'attache à la délicate question méthodologique, incontournable en matière de traductologie. Les apports de « La juritraductologie comme outil didactique pour la traduction des concepts en français et en anglais » (Joëlle Popineau) sont démontrés à travers des exemples concrets. L'enseignement de la traduction juridique, à l'université, met à l'épreuve la méthodologie juritraductologique, à dispenser dans la plupart des cas à des étudiants majoritairement non juristes. Le défi est de taille car il s'agit de former les traducteurs de demain à une démarche implacable pour parvenir au correct transfert de sens, en langue comme en droit. La démonstration s'enrichit des exemples rapportés pour lesquels la méthodologie juritraductologique est mise en œuvre. Sont explicitées, entre autres, les modalités de traduction de l'anglais vers le français des termes *Act of God* et *Copyright*.

Le processus juritraductologique passe par l'inévitable étape de droit comparé, qu'il faut savoir manier avec rigueur afin de ne point sombrer dans l'erreur.

La traduction économique doit, également, être méthodique et les connaissances du domaine sont indispensables. « L'approche globale en traduction économique » (Radegundis Stolze) constitue l'un des préalables de la traduction. Pour mener à bien sa tâche, le traducteur doit déployer une méthodologie allant de l'approche macroscopique à l'analyse microscopique. Le traducteur doit posséder les connaissances pertinentes, liées à la culture et au pays, et maîtriser le discours du domaine propre au texte, dont les concepts sont autant de supports sémantiques. Puis intervient notamment l'approche formelle du texte à traduire, son style, sa structure phraséologique, les constructions et l'explicité. Le chapitre cite de nombreux exemples, issus de la pratique professionnelle, et multiplie les conseils de tous ordres dans une approche englobante de l'opération traduisante.

Que la traduction soit juridique ou économique, les corpus fournissent une aide précieuse au traducteur. Il s'avère que « Les corpus au service de la traduction juridique » (Gabriella Serrone) présentent des fonctionnalités de plus en plus reconnues pour accompagner et faciliter le processus de traduction du droit. Ce chapitre montre combien l'analyse de données tirées de corpus de documents authentiques est utile au traducteur de textes juridiques. Les exemples extraits à partir de deux corpus juridiques comparables français-italien mettent en exergue les nuances du champ lexico-sémantique, syntaxique et pragmatique à prendre en compte dans les collocations de mots. Autant d'indications utiles pour permettre au traducteur, même non juriste, de réaliser une traduction experte du français vers l'italien.

Lorsque le développement international des relations économiques conduit à l'essor d'une communication via l'Internet, les entreprises doivent procéder à la localisation de leur site web. Dans ce contexte, le corpus constitue une « Optimisation terminologique dans la traduction de sites web d'entreprises » (Márta Kóbor). Le corpus de traductions, objet de l'étude, porte sur des sites web B2C (*business-to-customer*) qui sont des situations de communication asymétriques. Afin qu'un site traduit soit d'abord référencé par des moteurs de recherche et puis retrouvé par des internautes, il faut que la terminologie utilisée soit

« optimisée » en fonction des attentes des internautes souvent peu initiés et des exigences des moteurs de recherche qui jouent un rôle particulièrement important dans la communication multilingue de nos jours.

Enfin, la quatrième partie se consacre principalement à la traduction juridique réalisée au service de la justice. Les enjeux judiciaires font peser sur le traducteur une responsabilité qu'il ne peut ignorer. La question soulevée ici est d'ordre déontologique ; elle porte sur le mode d'exercice de la profession de traducteur assermenté.

« La pratique professionnelle du traducteur et de l'interprète assermenté, juridique et judiciaire » (Carmen Expósito Castro) est-elle la même en Espagne et en France ? Le chapitre consiste à comparer les conditions d'assermentation des traducteurs, pour en relever des différences notables. En Espagne, l'exercice de l'activité de traducteur certifié est soumis à l'obtention d'un examen officiel organisé par le Ministère des Affaires étrangères et de la coopération. Au contraire, en France, le traducteur assermenté est inscrit sur une liste d'experts de justice, sans avoir à se soumettre à un examen particulier. Toutefois, en Espagne, les traducteurs missionnés par la justice ne sont ni traducteurs certifiés ni inscrits sur une quelconque liste. Aussi la profession appelle-t-elle de ses vœux la mise en œuvre de l'article 4 de la Directive 2010/64/UE par la création en Espagne de registres de traducteurs désignés pour prêter leur concours à la justice.

Il ne fait aucun doute que la tâche est rude pour le traducteur des textes judiciaires. « Le traducteur confronté à la traduction en justice » (Dorina Irimia) doit résoudre des difficultés d'ordre juridique et linguistique, lui laissant ainsi une bien faible marge de manœuvre. Sur le plan juridique, le traducteur est confronté à la difficulté de comparer deux systèmes juridiques et/ou judicaires présentant des différences, parfois insoupçonnables. Sur le plan linguistique, les actes judiciaires à traduire obéissent à des règles rédactionnelles propres à la culture de chaque pays. En outre, le traducteur doit fait ressortir dans sa traduction, le langage neutre, impersonnel, de mise à distance, qui est spécifique aux actes judiciaires. Le chapitre apporte quelques techniques étayées par des exemples concrets énumérés en annexes. La traduction étant une autre façon d'assurer l'application et l'autorité du droit, elle engage forcément la responsabilité du traducteur et exige science et culture juridique avancée du traducteur, les seules connaissances linguistiques ne pouvant pas suffire.

Que le présent ouvrage œuvre, lui aussi, à la circulation des idées et des savoirs dans ces domaines nouveaux que sont la traduction juridique et la traduction économique.

Gageons qu'il sera, à son tour, source d'inspiration pour d'autres publications !

Franck BARBIN
et Sylvie MONJEAN-DECAUDIN

# PREMIÈRE PARTIE

# ÉPISTÉMOLOGIE

# LA JURITRADUCTOLOGIE, OÙ EN EST-ON EN 2018 ?

## INTRODUCTION

La juritraductologie est un nouveau champ d'étude interdisciplinaire qui se développe en France depuis le début du XXI^e siècle (Monjean-Decaudin, 2012a). Elle se distingue des études dénommées en anglais *Legal Translation Studies* ou en français traductologie juridique, qui sont principalement orientées vers l'étude de la complexité de la traduction du texte et/ou du concept juridique. Ces analyses relèvent du champ de la (juri)linguistique et de la traductologie ; elles proposent diverses approches et solutions dont l'intérêt est indéniable. À cela s'ajoute l'approche des juristes comparatistes qui, aux prises avec des concepts de droit spécifiques à un système juridique, se sont également emparés de la problématique de leur traduction.

À la différence, la juritraductologie développée par le Cerije en France ne se centre pas uniquement sur la *traduction du droit* mais prend, en outre, en compte le *droit de la traduction*[1]. Elle ne juxtapose pas ces deux axes de recherche, l'un en traductologie, l'autre en droit, mais les combine pour faire émerger leurs rapports symbiotiques réciproquement éclairants. C'est en observant les différents courants des politiques linguistiques déployées au sein d'une organisation internationale, de l'Union européenne ou d'une nation plurilingue, que l'on peut comprendre ce qui est attendu de la traduction du droit dans ces divers contextes. C'est en saisissant les enjeux de la traduction d'un texte juridique, qu'ils soient

1 Le Centre de Recherche Interdisciplinaire en Juritraductologie (Cerije) a été créé en septembre 2012. C'est le premier centre de recherche interdisciplinaire consacré à l'étude de la théorie et de la pratique de la traduction juridique, observée sous l'angle de la science juridique et de la traductologie (http://www. cerije.eu/).

d'ordre international, national ou particulier, qu'ils soient propres à une affaire de justice ou à un contrat synallagmatique, que l'on peut dès lors comprendre l'autorité à géométrie variable que le droit confère à une traduction. Là encore, seule une approche en juritraductologie démontre le caractère endogène des effets de la traduction du texte de droit.

Le cheminement scientifique qu'elle emprunte est résolument interdisciplinaire dans le sens où la science politique, la science juridique, la linguistique générale, la linguistique juridique et la traductologie nourrissent tour à tour le raisonnement juritraductologique transverse. En contrepartie, elle apporte à ces disciplines le fruit de ses propres analyses sur des questions spécifiques comme le droit fondamental à l'assistance linguistique, l'ethnocentrisme juridique dénommé « juricentrisme » (Monjean-Decaudin, 2007) ou l'approche fonctionnaliste des textes et des traductions juridiques (Monjean-Decaudin, 2016a).

Autrement dit, la pensée juritraductologique se conçoit comme un mouvement circulatoire d'idées non contraintes à un cloisonnement disciplinaire. La réflexion accueille également tous les droits et toutes les langues, car seule une approche à large spectre est susceptible d'enrichir le débat épistémologique de cette discipline en construction et d'enrichir, ainsi, les applications concrètes qu'elle vise.

Ce chapitre propose de dresser un état des lieux, non exhaustif, de la juritraductologie par la présentation de ses origines épistémologiques desquelles découle son ancrage pluridisciplinaire. Si, au départ, la juritraductologie est née des études en linguistique et en traductologie juridiques (I), elle s'est toutefois structurée sur le droit (II), le tout faisant l'originalité intrinsèque de la nouvelle discipline (III).

## LES ÉTUDES EN LINGUISTIQUE ET EN TRADUCTION JURIDIQUES AUX SOURCES DE LA JURITRADUCTOLOGIE

Dans les années 1970, la traduction est au cœur des préoccupations des juristes linguistes du Canada. En Europe, elle va poser également question aux traductologues et aux juristes comparatistes.

## UNE PRÉOCCUPATION DE JURISTES LINGUISTES

Le point de départ de l'interdisciplinarité de la juritraductologie s'inscrit dans les analyses théoriques portant sur les liens entre langue et droit. Les juristes linguistes[2] s'accordent à reconnaître un certain parallélisme entre la langue et le droit, en tant que produit social, consubstantiel à la culture d'une communauté. « Ce sont tous deux des phénomènes sociaux, de formation largement coutumière, et empreints d'un certain caractère contraignant et normatif » (Carbonnier, 1999, p. 44). Ils se structurent en systèmes de droits et systèmes de langues édictant chacun leur propre ordre normatif, code grammatical et sémantique. L'union intime de la langue et du droit donne naissance au langage juridique (Cornu, 2005, p. 4). Ce langage juridique est propre au seul pays où la langue est parlée pour exprimer un droit national. Pour la sécurité juridique, les juristes d'un même pays doivent parler le même langage. La question prend une autre dimension dans les pays plurilingues et plurijuridiques puisque, dans ces cas, intervient la nécessité de traduire voire de corédiger.

À partir des années 1975, la réflexion fondamentale sur les rapports entre droit et langue se développe pour prendre une dimension pragmatique. Elle vise à répondre à des problématiques liées à la formulation juridique soit dans une seule langue, soit dans plusieurs pour ce qui concerne les États plurilingues. Les travaux législatifs, de codification ou de révision, ont été et sont toujours, des sources de questionnements praxéologiques sur la langue et le droit. En ce sens, ils se rattachent au droit positif. En France comme au Canada, ils ont amorcé des études majeures en linguistique juridique.

En France, Gérard Cornu en tant que rapporteur de la commission de révision du code de procédure civile, entré en vigueur en 1974, s'attache aux mots, aux définitions et à la cohérence rédactionnelle du droit dont il tirera des publications majeures (Cornu, 2005 et 2016[3]). Jean-Louis Sourioux et Pierre Lerat, respectivement juriste et linguiste, croisent leur analyse du langage du droit et ouvrent la voie à une approche pluridisciplinaire (Sourioux et Lerat, 1975).

---

2 Ou jurilinguistes, voire linguistes juristes, ces diverses dénominations sont souvent employées de manière distincte selon l'origine européenne ou canadienne des auteurs.

3 La première édition de ces deux ouvrages date respectivement de 1990 et de 1987.

Au Canada, en 1969, le français est reconnu à statut égal de l'anglais dans les institutions fédérales et, dès 1978, la corédaction est retenue comme méthode d'élaboration des lois fédérales. Des services jurilinguistiques sont mis en place pour définir les normes rédactionnelles et conduisent à introduire deux nouveaux champs d'étude : la jurilinguistique et la légistique[4].

À partir de la fin des années quatre-vingt, Gérard Cornu promeut le développement, en France, de la linguistique juridique, dont il constate – si ce n'est qu'il le regrette – qu'elle ne figure point à la nomenclature des branches du savoir. Au Canada, Jean-Claude Gémar définit la jurilinguistique comme étant « l'étude linguistique du langage du droit sous ses divers aspects et dans ses diverses manifestations » (Gémar, 1982, p. 135). Gérard Cornu observe que la jurilinguistique ne met pas toujours en évidence ses rapports avec le droit linguistique. Aussi, en vue de les inclure dans son champ d'étude, opte-t-il pour une autre dénomination en France : la linguistique juridique. Telle qu'il la définit, la linguistique juridique (à la différence de la jurilinguistique) « comprend à la fois l'étude du *langage du droit* et du *droit du langage*[5] » (Cornu, 2005, p. 2 et 11). Ce balancement met en perspective l'impératif d'une étude portant à la fois sur la langue et sur le droit. Ce double focus s'avèrera primordial pour la définition de la future juritraductologie.

### LES QUESTIONNEMENTS EN TRADUCTOLOGIE ET EN DROIT COMPARÉ

Sous l'influence de l'internationalisation du droit et des problèmes « linguistico-juridiques » qu'elle pose, la traduction du droit se développe, surtout dans la période de l'après-guerre, au sein des organisations internationales.

Exposé aux besoins croissants d'interprètes et de traducteurs dans les différents contextes du droit, le monde des organisations internationales (par exemple, l'ONU) ou régionales (par exemple, l'Union européenne), des institutions judiciaires internationales (par exemple, la Cour européenne des droits de l'homme) ou nationales (à savoir les

4 Le Centre de traduction et de terminologie juridiques (CTTJ) a été créé en 1979 par la Faculté de droit de l'université de Moncton pour appuyer la mise en œuvre du bilinguisme juridique dans les provinces et territoires canadiens de common law.

5 Les italiques sont nôtres.

différentes juridictions des États, en France par exemple, la Cour de cassation, les cours d'appels, etc.), des avocats, qu'ils soient d'affaires ou pénalistes, pressent le monde universitaire à faire face aux problèmes méthodologiques que pose la traduction[6].

Des études fleurissent en même temps en traductologie et en droit comparé.

De la traductologie, qui se construit à partir des années 1970, émerge des questionnements théoriques issus de l'observation de la pratique de la traduction : la démarche se veut résolument inductive. La plupart des traductologues sont eux-mêmes traducteurs et créent leur propre dispositif d'analyse à partir de leur pratique. La traductologie, pour opérer sa construction, va s'émanciper de la linguistique générale dont certains cadres conceptuels ne lui offrent pas l'espace nécessaire à son développement (Ladmiral, 2002).

Aux sources de l'étude de la traduction juridique se trouve la théorie du *skopos* initiée en Allemagne par Hans Vermeer à la fin des années 1970 qui va ouvrir la voie à de nouvelles théories (Vermeer, 1978)[7].

Lorsque la traductologie s'intéresse à la traduction juridique, elle la classe dans l'étude des textes dits « technico-scientifiques ». Puis, elle l'inclut dans la dénomination hyperonyme de « traduction pragmatique » ou « traduction spécialisée » caractérisant, de manière consensuelle, toute traduction de textes non littéraires.

Sous ce large spectre va se poser la question du comment traduire les textes relevant des sciences dures, comme la traduction médicale, des sciences techniques ou technologiques, comme les textes d'ingénierie, ainsi que les textes appartenant au domaine du droit ou de l'économie.

La diversité des domaines fait rapidement émerger l'impossibilité d'une analyse globalisée. L'on passera progressivement d'une approche générique à une étude catégorielle spécifique plus affinée. Ainsi, à partir des années 1980, la recherche sur la traduction juridique prend-elle un

---

6 C'est pour pallier les besoins des organisations internationales que sera créée, en 1941, l'École d'interprètes de Genève, qui devient en 1972 l'École de traduction et d'interprétation, aujourd'hui Faculté de traduction et d'interprétation de l'université de Genève.

7 Elle s'inscrit dans le même cadre épistémologique que la théorie actionnelle de la traduction, en ce sens qu'elle s'intéresse avant tout aux textes pragmatiques et à leurs fonctions dans la culture cible. Cela étant, la traduction est envisagée comme une activité humaine particulière (le transfert symbolique), ayant une finalité précise (le *skopos*) et un produit final qui lui est spécifique (le *translatum* ou le *translat*).

tournant décisif. Les théories élaborées pour la traduction des textes pragmatiques servent, de par leur approche téléologique, de point de départ à l'analyse de la traduction juridique.

En droit comparé, les juristes témoignent de plus en plus d'intérêt pour la traduction du droit, qu'ils considéraient auparavant comme une simple opération interlinguistique. Les études universitaires émergent progressivement pour puiser dans des savoirs exogènes mêlant analyses philosophiques, herméneutiques, téléologiques, anthropologiques, méthodologiques, etc. (Monjean-Decaudin, 2012a, p. 308).

En Autriche, dans sa thèse, Sieglinde Pommer avance l'idée que « la traduction juridique et le droit comparé se fondent sur des principes communs » (Pommer, 2008, p. 29). Elle souligne que, bien que beaucoup ait été écrit sur l'interrelation entre la langue et le droit par des linguistes ainsi que des juristes, peu d'attention a été consacrée aux implications, multiples et complexes, entre la traduction juridique et le droit comparé, ni en théorie ni en pratique (Pommer, 2005, p. 72).

En quête de thèmes laissés en friche par les juristes, le comparatiste italien Rodolfo Sacco a organisé plusieurs colloques notables autour de la traduction du droit. « Les multiples langues du droit européen uniforme » (Sacco et Castellani, 1999), « l'interprétation des textes juridiques en plus d'une langue » (Sacco, 2002) et « l'anthropologie du droit et la traductologie juridique » (Sacco, 2011), marquent un ancrage des thématiques en droit comparé et une orientation progressive vers la juritraductologie. Sur le plan méthodologique, et à l'instar de la traductologie, les comparatistes ne peuvent se contenter pour traduire le droit d'une approche strictement textuelle. L'opération de traduction, comme celle de comparaison des droits, requiert la compréhension d'un contexte qui résulte de facteurs, passés et présents, de dimension historique, sociologique, géographique, politique, religieuse, etc. Toutefois, cela ne va pas sans poser de problèmes.

En réponse à la question méthodologique, les chercheurs au Canada avancent la théorie de la traduction du texte juridique par équivalence fonctionnelle (Pigeon, 1982). Cette théorie vient détrôner la traduction littérale traditionnellement présentée comme le seul recours à la traduction juridique. L'équivalence fonctionnelle sert à faire comprendre le message au destinataire de la traduction. Elle sert au transfert de sens, dès lors qu'il n'existe pas de stricte correspondance entre les concepts juridiques source et cible. Parallèlement, l'équivalence fonctionnelle est une méthode retenue par les juristes comparatistes pour comparer les droits. Il s'agit de rechercher l'existence de fonctions sociales semblables dans les règles juridiques de systèmes différents. L'utilisation de l'équivalence fonctionnelle, en droit comparé et en traduction, permet une « interopérabilité des systèmes juridiques » (Fallon) et une « transposition linguistique » (Crépeau, 1995).

Sur un plan plus théorique voire philosophique, des analyses ontologiques sont avancées. Peut-on ou non traduire le droit ? Selon une majorité de juristes, la traduction est plus ou moins vouée à l'échec. Dans sa thèse, Simone Glanert soulève la question de la traductibilité des droits au regard de la multiplication des situations où traduire le droit s'avère nécessaire. Certaines notions ancrées dans les cultures juridiques marquent une résistance à la traduction. L'auteur appelle le juriste, généralement non disposé à admettre l'intraductibilité du droit, à la plus grande prudence car toute opération de traduction produit un impact sur la langue (Glanert, 2011).

Face à cela, François Ost propose la traduction comme paradigme pour penser la grammaire de notre monde pluriel. Le domaine juridique représente alors un champ d'application privilégié de ce paradigme de la traduction. L'émergence du droit européen, en tant que système supranational, et du droit mondialisé, en tant que phénomène multiforme d'emprunt de solutions juridiques étrangères, de contagion de modèles d'importation, d'irradiation de principes, fait entrer le paradigme traductif au cœur des ordres juridiques nationaux. La méthode du juge, qui interprète, et celle du traducteur, qui traduit, convergent : elles consistent toutes deux à peser, négocier, ajuster pour traduire la lettre du texte dans le langage de l'esprit (Ost, 2010). Si les opérations d'interprétation (en droit) et de traduction (du droit) présentent quelques similitudes, elles restent toutefois marquées de subjectivité et déterminées par leur finalité.

Finalement, chaque discipline s'interroge en suivant son propre cadre d'analyse. Le parallélisme des questionnements épistémologiques des traductologues et des juristes comparatistes démontre la convergence des problématiques, cantonnées toutefois à un certain hermétisme. La juritraductologie va s'attacher à les croiser pour en tirer de nouvelles théories et méthodologies.

## LE DROIT COMME STRUCTURE DE LA JURITRADUCTOLOGIE

L'analyse juridique en juritraductologie est innovante et non explorée ailleurs. Elle met en exergue l'impact de la science juridique sur la traduction et ce, à tous les stades du processus de celle-ci. De l'injonction, à la réalisation et à la validation de la traduction, le droit encadre l'ensemble du processus. Le poids que la législation, la réglementation mais également la jurisprudence et la doctrine font peser sur la traduction est considérable et trop peu mis au jour. L'encadrement de la traduction, en général, et de la traduction du droit, en particulier, porte non seulement sur les règles qui régissent la traduction d'un texte mais, également et surtout, sur la manière dont le texte doit être traduit. L'ensemble de ces règles constitue le droit de la traduction et le droit à l'assistance linguistique.

### DROIT DE LA TRADUCTION

En 2007, pour la première fois, est mis au jour le droit de la traduction. Jean-Pierre Relmy, par un travail taxonomique, recense dans sa thèse les multiples normes juridiques en droit français portant plus ou moins directement sur la traduction. Deux raisons principales fondent l'existence du droit de la traduction : la protection des langues et celle des personnes, que l'auteur considère comme insuffisante. En ce sens, il préconise la reconnaissance d'un droit à la traduction permettant d'exiger la mise à disposition effective d'une traduction ou d'un interprète alors même qu'aucun texte ne le prévoirait (Relmy, 2010, p. 12). J'approfondirai cette préconisation dans le cadre de l'étude du droit à l'assistance linguistique (que je dénomme sous l'acronyme DALAL).

Le colloque, organisé en 2009 sous la direction de Marie Cornu et de Michel Moreau, intitulé « Traduction du droit et droit de la traduction » (Cornu et Moreau, 2011) confirme l'existence d'un droit de la traduction. Partant du double constat que l'on traduit de plus en plus et de mieux en mieux les droits, l'analyse s'ouvre largement aux divers contextes de la traduction qui répond à deux finalités principales. Dans un contexte où l'on observe l'explosion des échanges internationaux, dans un monde politique et économique globalisé, la traduction de la norme est soit opportune soit obligatoire. Opportune, la traduction du droit sert de modèle à d'autres pays dans le cadre d'une politique de rayonnement et permet à un État d'asseoir son influence et d'élargir ses parts de marché. Obligatoire, la traduction relève des ordres juridiques : international, national ou régional. Dans le premier ordre, la traduction juridique porte principalement sur les traités. Dans le second, l'obligation de traduire est constitutionnelle et concerne des États plurilingues, comme la Suisse ou le Canada. Dans le troisième, l'Union européenne constitue le paradigme de la traduction obligatoire au niveau régional. Elle est également soucieuse de la reconnaissance d'un droit *à* la traduction.

### DROIT À L'ASSISTANCE LINGUISTIQUE

La Directive 2010/64/UE relative aux droits à la traduction et à l'interprétation dans le cadre des procédures pénales[8] fait émerger un droit fondamental à la traduction, qui vient s'ajouter au droit à un interprète déjà existant. Elle constitue l'un des points fondamentaux de l'ancrage juridique de l'analyse interdisciplinaire de la juritraductologie.

La Directive se distingue des textes précédents en donnant une teneur et une autonomie normative au droit à une traduction, par des dispositions expresses. L'article 3 dispose que les personnes suspectées ou poursuivies se voient reconnaître le droit d'obtenir, dans un délai raisonnable, la traduction de tous les documents essentiels à leur défense. Parmi ces documents essentiels figurent toute décision privative de liberté, toutes charges ou tout acte d'accusation, et tout jugement. La Directive opère donc une véritable avancée en ouvrant le droit à la traduction à d'autres documents que le seul acte d'accusation (Monjean-Decaudin, 2011, p. 770).

Afin d'assurer l'efficacité du DALAL (droit à l'assistance linguistique) dans les procédures pénales, la Directive introduit la notion de qualité. L'article 5 pose cette exigence sous l'intitulé : « Qualité de l'interprétation et de la traduction ». Dans le paragraphe premier, l'article énonce que les États membres prennent des mesures concrètes pour assurer la qualité de l'interprétation et de la traduction. La qualité doit être suffisante pour garantir le caractère équitable de la procédure, notamment en veillant à ce que les suspects ou les personnes poursuivies

8 *Journal Officiel de l'Union Européenne*, L 280, p. 1.

aient connaissance des faits qui leur sont reprochés et soient en mesure d'exercer leurs droits de défense.

Si la Directive constitue le premier instrument international et européen à exiger une qualité suffisante de l'interprétation et de la traduction, il n'en demeure pas moins que la lecture complète de l'article déçoit quant aux critères retenus pour établir la qualité de l'assistance linguistique. L'article 5 pose trois critères qui finalement se réfèrent à la qualité des interprètes et des traducteurs apportant leur concours à la justice. Il s'agit pour les États membres, avant de missionner des professionnels de l'assistance linguistique, de veiller à ce que ces derniers respectent la confidentialité des procédures, qu'ils soient professionnellement qualifiés et diplômés afin de les inscrire sur des registres spécifiques (Monjean, 2011, p. 779).

Ces dispositions, même si elles ont le mérite d'exister, ne définissent pas ce à quoi correspond la qualité d'une prestation d'assistance linguistique. Il s'agit davantage d'un présupposé de la qualité de l'interprétation et de la traduction (un professionnel compétent qui respecte la confidentialité des procédures et qui est inscrit sur un registre propre) que d'une réelle définition de la qualité *per se* de l'acte de traduire ou d'interpréter.

Si l'on considère que l'article 5 est incomplet, il n'en demeure pas moins qu'apparaît clairement dans la Directive un droit à la traduction, à côté de la traduction du droit, ce qui s'avère fondamental pour le développement de la jeune juritraductologie en France.

## LA JURITRADUCTOLOGIE : UNE NOUVELLE DISCIPLINE ?

La première partie de cet exposé a présenté les analyses sur la traduction juridique menées en traductologie, en linguistique juridique et en droit comparé. Si, dans le même temps, s'est construit un droit de et à la traduction (présenté dans la deuxième partie), les approches sont restées très cloisonnées. La juritraductologie va démontrer combien la complémentarité et la pluridisciplinarité des études théoriques et pratiques menées rapprochent le *droit* de la *traduction* et la *traduction* du *droit*. Il s'agit de développer une approche épistémologique intégrative du droit et de la traduction pour faire émerger une approche pragmatique matérialisée par de nouveaux concepts et des applications concrètes.

## L'APPROCHE ÉPISTÉMOLOGIQUE DE LA JURITRADUCTOLOGIE

Mon choix pour le mot-valise de juritraductologie, plutôt que le terme traductologie juridique, vise à mettre en avant la dimension juridique de l'étude (le droit de la traduction) qui avait été omise jusqu'à présent dans les travaux en traductologie juridique.

En effet, dans son ouvrage intitulé *Éléments de traductologie juridique. Application aux langues romanes*, Jacques Pelage utilise l'expression pour la première fois en France, sans toutefois la définir. Enseignant à l'ESIT, il est empreint de la théorie interprétative sous le prisme de laquelle il construit son analyse de la traduction juridique. Pour Jacques Pelage, « le droit, comme la traduction, est une discipline de l'interprétation » et « le juriste et le traducteur ont une préoccupation commune, celle de la recherche du sens du discours » (Pelage, 2001, p. 1). L'analyse n'est pas, à mon sens, complète.

De même, lorsque Maher Abdel Hadi, professeur à l'université de Genève, publie en 2002 un article intitulé « La juritraductologie et le problème des équivalences des notions juridiques en droit des pays arabes », il avance que la juritraductologie est une nouvelle discipline qui cherche à déterminer les règles méthodologiques applicables à la traduction juridique. Il ne donne cependant pas de définition à ce nouveau terme qu'il emploie dans le titre même de son article. Il se concentre sur des questions méthodologiques, mettant l'accent sur l'importance du droit comparé afin de réussir l'opération de traduction juridique (Abdel Hadi, 2002).

Je constate, là aussi, que la juritraductologie, lexicale et non sémantique, est limitée par ces auteurs à des questions pratiques et omet le point essentiel qu'est le *droit de la traduction*.

En 2010, je pose la première définition de la juritraductologie en tant que nouveau champ d'étude interdisciplinaire en France (Monjean-Decaudin, 2012a). Sachant que les définitions du droit et de la traductologie sont toujours discutées, une définition de la juritraductologie sera forcément discutable. En l'état actuel de mes travaux, la juritraductologie consiste à décrire, analyser et théoriser l'objet à traduire et l'objet traduit en tant qu'objet appartenant au domaine du droit et utilisé par le droit.

Sur le plan épistémologique, la juritraductologie emprunte ses théories aux sciences du langage en général, et à la linguistique juridique et à la traductologie en particulier, ainsi qu'aux sciences juridiques en général, et au droit comparé en particulier.

La linguistique, la linguistique juridique et la traductologie constituent, de concert, son cadre général de conceptualisation et d'application particulière. La juritraductologie n'est une application ni complète, ni pure et simple, mais une application particulière des contenus de la linguistique générale et juridique ainsi que de la traductologie. L'approche théorique des problèmes de traduction et les méthodes en traductologie s'avèrent particulièrement pertinentes pour la juritraductologie.

Concomitamment, le droit, en général, et le droit comparé, en particulier, constituent de concert son cadre général de conceptualisation et d'application particulière. La juritraductologie n'est une application ni complète, ni pure et simple, mais une application particulière des contenus du droit ainsi que du droit comparé. Cela signifie que la juritraductologie est déterminée dans son objet par ce que le droit demande à la traduction (tant comme « initiateur » que comme « destinataire » de traduction) et attend d'elle. Elle touche tous les champs du droit : les procédures administrative, civile, fiscale, militaire, pénale, le droit civil, commercial, douanier, électoral, fiscal, pénal, rural, le droit de l'action sociale, de l'environnement, de l'industrie cinématographique et audiovisuelle, le droit de la communication, de la consommation, de la propriété intellectuelle, de la route, de la santé publique, de la sécurité intérieure, de la sécurité sociale, de la mutualité, le droit du patrimoine culturel, du travail, du tourisme, le droit des assurances, des collectivités territoriales, des étrangers, des forêts, des marchés financiers, des postes et des communications électroniques, et des transports. Le droit comparé, en tant qu'activité herméneutique, contribue à la recherche du sens du discours.

Enfin, la juritraductologie éclaire sur l'impact de la science juridique sur la traduction et à tous les stades de celle-ci : initiation, processus et validation. Le poids que la législation, la réglementation mais également la jurisprudence et la doctrine font peser sur la traduction est considérable et trop peu mis au jour. Cela signifie qu'insidieusement, et alors que le linguiste et le traductologue travaillent sur des outils propres à leur champ disciplinaire pour déterminer, constater ou expliquer des modes de traduction juridique, le droit vient interférer pour imposer d'autres règles que le linguiste et le traductologue ignorent.

## L'APPROCHE PRAGMATIQUE DE LA JURITRADUCTOLOGIE

Sur le plan pragmatique, la juritraductologie élabore ses propres outils conceptuels lui permettant une analyse spécifique des contextes de traduction et de ses enjeux. À partir des textes produits par la science juridique ou par les praticiens du droit, elle établit par une démarche téléologique des catégories et des typologies empruntées au droit et à la linguistique. La prise en compte des branches et des discours du droit révèle les spécificités des traductions et détermine le processus juritraductionnel. Cela conduit également à mettre en relief les effets juridiques qu'entraînent le texte source et sa traduction, de façon conjointe ou séparée, immédiate ou différée.

La juritraductologie propose des solutions méthodologiques en vue d'améliorer la qualité des traductions. En ce sens, elle va au-delà des prescriptions de l'article 5 de la directive 2010/64/UE mentionnée dans la deuxième partie de ce chapitre. Il ne s'agit pas de définir les qualités requises au traducteur mais de se saisir de la question plus délicate des critères constitutifs d'une bonne traduction juridique. Pour ce faire, elle utilise les outils de la traductologie qu'elle combine aux méthodes du droit comparé. La comparaison des droits est omniprésente dans le processus de traduction, depuis l'analyse du texte source jusqu'à la finalisation de l'opération. Le droit comparé est *per se* porteur de solutions de traduction même face à des concepts juridiques considérés comme intraduisibles (Monjean-Decaudin, 2012a, p. 410)[9]. La juritraductologie prend également en considération l'ensemble des prescriptions du droit et leurs éventuelles conséquences sur les modes mêmes de traduction (Monjean-Decaudin, 2012b). Les actions lexicales que le droit exerce sur la traduction peuvent conduire à l'introduction dans le droit cible d'emprunts, de calques issus du droit source, voire de néologismes (Sacco, 1999, p. 177).

9 La démonstration porte sur la traduction de deux recours espagnols : *el recurso de reposición* et *el recurso de reforma*. Les deux recours sont traduits en français par le néologisme : « recours en considération ». Pour plus de précisions, voir la fiche juritraductologique sur https://www.cerije.eu/banque-juritraductologique/

Enfin, les théories et méthodes avancées sont enseignées dans le cadre de la formation initiale et continue. Les étudiants et les traducteurs, qu'ils aient ou non une formation juridique, sont initiés à une méthodologie juritraductologique qui les guide au travers d'un processus par étapes. Parmi elles, la recherche en droit comparé s'avère particulièrement cruciale. Les modalités de restitution des diverses recherches menées apportent une traçabilité à la solution de traduction retenue. Ce processus juritraductionnel a été mis en place pour améliorer la qualité des traductions juridiques.

## CONCLUSION

La jeune juritraductologie se construit peu à peu en France et ailleurs de façon parfois subtile, voire à première vue imperceptible. Les organisateurs de colloques en traductologie, en jurilinguistique et en droit, contribuent à son développement, dans quelque pays que ce soit, sans en être réellement conscients, un peu comme Monsieur Jourdain faisait de la prose sans le savoir.

Citons, par exemple :

- la Table ronde intitulée « Justice : le droit à la traduction aujourd'hui », organisée par la Direction Générale de la Traduction de la Représentation de la Commission européenne à Paris, le 22 mars 2016 ;
- le colloque international intitulé « De la Traducción Jurídica a la Jurilingüística : Enfoques Interdisciplinarios en el Estudio de la Lengua y el Derecho », organisé par l'université Pablo de Olavide, Séville, les 27-28 octobre 2016 ;
- le cycle de séminaires mené par les universités de Bordeaux et de Cergy-Pontoise dont la séance du 5 avril 2017 posait directement la question : « Peut-on traduire le droit ? », dans le cadre des travaux d'*Introduction à l'épistémologie juridique appliquée : Peut-on penser le droit avec d'autres disciplines ?*
- les Instituts d'été de jurilinguistique organisés chaque année au Canada, par les facultés de droit de l'université de Moncton et de l'université McGill à Montréal.

Enfin, deux thèses très récentes en Espagne ont mentionné expressément la juritraductologie, devenue, par-delà les Pyrénées, la *juritraductología* (Macías Otón, 2015, p. 17 ; Expósito Castro, 2017, p. 69).

Ces travaux sont autant d'encouragements à poursuivre le développement d'une juritraductologie dédiée à la probité scientifique et à la fidélité linguistique pour le sens à donner à l'acte de traduire.

Sylvie MONJEAN-DECAUDIN
Sorbonne université, CERIJE
France

# SPÉCIFICITÉS DE LA TRADUCTION ÉCONOMIQUE, FINANCIÈRE ET COMMERCIALE

## INTRODUCTION

Ce chapitre n'ambitionne pas de brosser un tableau exhaustif des spécificités de la traduction économique, financière et commerciale. Il ne vise qu'à introduire le sujet qui sera décliné dans le présent ouvrage collectif. Nous ne nous étendrons pas sur les critères que doit remplir toute traduction professionnelle, notamment le respect du cahier des charges du donneur d'ordre (demandes spécifiques, terminologie-maison, etc.), le respect des délais, la rigueur dans l'exécution et dans la révision (justesse et exactitude de la traduction, justesse et vérité technique, cohérence contextuelle, lisibilité, correction linguistique, etc.). De même, il est indispensable que le traducteur dispose au préalable d'une très bonne connaissance du domaine qu'il s'apprête à traduire, notamment des concepts et des mécanismes économiques ainsi que des principes de l'organisation et de la gestion des entreprises.

Nous nous attacherons davantage ici à souligner les principes qui distinguent la traduction économique, financière et commerciale des autres types de traduction et l'importance toute particulière que revêtent certains, étant donné l'enjeu commercial de ce genre de traduction. Comme nous pourrons le constater, toute erreur commise par le traducteur peut tout de suite prendre une ampleur considérable et nuire durablement à l'entreprise commanditaire de ladite traduction.

Nous commencerons donc par circonscrire le vaste domaine concerné par la traduction économique, financière et commerciale. Nous dresserons ensuite une typologie des documents sources pouvant susceptibles d'être à traduire dans ce domaine avant de proposer une approche pour le traitement traductif de ces différents types. Nous fournirons enfin quelques exemples concrets de traduction intégrale (banalisée ou absolue) que nous examinerons dans le détail.

## DÉFINITION

La traduction économique, financière et commerciale se situe au cœur de la chaîne de communication : elle relie l'entreprise, d'une part à ses partenaires commerciaux, clients et fournisseurs et aux sources d'information nécessaires à ses activités, et d'autre part à l'ensemble de ses collaborateurs et actionnaires à travers le monde. Elle remplit trois fonctions essentielles. Premièrement, elle constitue un vecteur d'acquisition d'informations (qu'elles soient techniques, stratégiques, commerciales ou financières). Un tel apport est rendu possible par la mise en place d'une veille stratégique[1], permettant par exemple de suivre l'évolution des marchés, les appels d'offres en cours ou l'état des marchés financiers et boursiers. Elle permet deuxièmement à l'entreprise de communiquer sur elle-même, que ce soit au grand public, à son personnel ou à ses actionnaires. Cette opération de communication se fait par le biais de la presse, d'internet, de bulletins internes, de magazines d'entreprise et de rapports annuels ou bilans trimestriels imprimés ou diffusés sur le site internet de l'entreprise. Elle sert, enfin, d'outil au service de l'activité commerciale : promotion de produits ou de services, contacts avec les clients (effectifs ou potentiels), établissement de liens contractuels avec des distributeurs ou des clients, réponse à des appels d'offre, facilitation de transactions, de la logistique et des paiements, etc.

1 Désignée en anglais par les termes *business intelligence* ou *economy watch*, elle correspond au suivi permanent, grâce à des moyens logiciels ou humains, de toute information économique (CIGREF, 1998).

## TYPOLOGIE DES DOCUMENTS SOURCES

Pour mieux cerner les types de documents que cette définition appelle, nous proposons de dresser une typologie des documents sources en trois grandes catégories : informations stratégiques, informations sur l'entreprise et informations sur les produits ou services. Nous proposerons pour chaque catégorie certains exemples en y adjoignant une brève définition. Il va sans dire que certains des documents concernés par la traduction économique, financière et commerciale recoupent en partie ceux relevant de la traduction technique et de la traduction juridique.

Tout d'abord, les informations stratégiques relèvent de la veille économique, technologique, commerciale ou juridique et contribuent à déterminer les décisions stratégiques de l'entreprise. Nous pouvons entre autres penser aux livres blancs, recueils de documents sur un problème déterminé visant à faire un exposé exhaustif d'une question particulière qui, après avoir décrit un état de faits et ses carences, propose des orientations nouvelles pour l'avenir et trace des objectifs à plus ou moins long terme. Nous pouvons également citer les études sectorielles sur telle ou telle partie du marché ou études de marché sur des produits particuliers et des segments de marchés. Entrent dans cette catégorie les informations commerciales confidentielles destinées uniquement à un usage interne à l'entreprise et les informations commerciales publiques sur la concurrence (glanées sur les sites internet, dans la documentation distribuée ou publiée, dans des publications professionnelles). Nous citerons enfin les textes réglementaires ou législatifs au niveau international, national ou régional.

Les informations sur l'entreprise sont quant à elles destinées aux autorités, aux actionnaires et investisseurs (dans le cas de groupes multinationaux devant publier leurs informations dans les langues de leurs principaux actionnaires et/ou des pays d'implantation), aux partenaires commerciaux et aux clients. Il s'agit notamment des comptes financiers, qui décrivent les résultats de l'exercice écoulé d'une entreprise et aboutissent au bilan de cette dernière par l'agent comptable, des rapports annuels, comprenant à la fois des « figures imposées » (informations réglementaires, comptes financiers) et des « figures libres » (communication sur l'entreprise, son image et ses activités), ou des documents internes destinés à l'information des administrateurs, des personnels et des actionnaires dans le cadre du « gouvernement/gouvernance d'entreprise » (*corporate governance*).

Nous trouvons enfin les informations sur les produits ou services, qui concernent la promotion, la vente, l'utilisation des produits ou des prestations proposées par l'entreprise. On dénombre notamment dans cette troisième catégorie les catalogues de produits, les correspondances commerciales, les conditions de vente, les contrats de vente, les licences, les appels d'offre ou les guides de l'utilisateur.

## TYPES DE TRAITEMENT TRADUCTIF

Chaque type de document et de fonction peut appeler des approches traductives différentes. Notre approche renvoie clairement à la vision de la traduction de Daniel Gouadec qui conçoit un continuum entre la traduction synoptique, la traduction documentaire, la traduction intégrale banalisée et la traduction intégrale absolue (Gouadec, 1990, p. 22-28). Cette méthodologie est bien entendu ancrée dans la théorie interprétative (Seleskovitch et Lederer, 1986) et dans la théorie du skopos (Vermeer, 1989).

### DÉFINITION DES TYPES

Même si nous ne pouvons que conseiller au lecteur de revenir à la source de cette approche, nous allons rapidement définir chacun de ces types de traitements traductifs pour appréhender plus aisément notre propos.

La traduction signalétique renvoie aux éléments d'indexation d'un document (informations bibliographiques, limites chronologiques et géographiques, domaines, mots-clés, principaux « objets » traités…).

La traduction synoptique part de la traduction signalétique en y adjoignant un résumé linéaire, analytique ou synthétique en langue source et en langue cible (résumés plus ou moins rédigés, points de vue différents).

La traduction documentaire fournit quant à elle à l'utilisateur les informations pertinentes par rapport à un « objet documentaire », ou thème d'intérêt donné par le client, à partir d'un ou de plusieurs documents. À titre d'exemple, dans un rapport sur un agenda européen pour l'économie collaborative émanant de la Commission du marché intérieur et de la protection des consommateurs du Parlement européen, le client peut indiquer au traducteur que son seul « objet documentaire » sera la fiscalité de ce type d'économie et lui demander ainsi d'occulter tous les autres points abordés dans la traduction dudit rapport.

La traduction intégrale se rapproche le plus de ce que l'on entend généralement par traduction. Elle se subdivise en deux branches. La traduction intégrale banalisée reproduit le fond du document (idées) mais non sa forme. Son but n'est pas de produire un texte de même type, ni de même structure, ni de même style que l'original. Elle cherche au contraire à rendre accessible au plus grand nombre toutes les idées contenues dans le document (« sens ») sans se soucier de ses contraintes formelles.

La traduction intégrale absolue consiste en un transfert total du document source, respectant l'ensemble des critères de quantité d'information et de qualité de communication (congruence technique, cohérence terminologique et phraséologique). Cette traduction est adaptée à toute destination spécifiée (client cible) et respecte toutes les conventions typographiques, linguistiques (grammaticales, syntaxiques, terminologiques et phraséologiques) et stylistiques du genre (genre du matériau ou du document) et du domaine. Nous retrouvons les notions de destination (dans quel but la traduction va-t-elle être utilisée ?) et de destinataire (quelles connaissances du domaine le lecteur cible doit-il posséder ?) de la théorie interprétative de la traduction.

## QUEL TRAITEMENT EN FONCTION DU DOCUMENT ?

Afin de mieux appréhender cette approche, nous allons proposer plusieurs exemples du traitement traductif à adopter en fonction de la catégorie de documents à traduire.

Le volume croissant d'informations stratégiques nécessite des techniques de traduction synoptique et/ou documentaire afin de pouvoir fournir au public des fiches signalétiques ou des résumés. C'est notamment d'un grand intérêt pour les missions économiques rattachées aux ambassades. Ces missions regroupent les services de la Direction générale du Trésor et de la politique économique du Ministère de l'Économie, des Finances et de l'Industrie dans un pays donné (156 missions économiques à l'étranger implantées dans 113 pays). Elles remplissent trois missions principales : 1) analyser la situation économique et financière du pays considéré, ainsi que les conditions d'accès au marché ; 2) soutenir les efforts commerciaux des entreprises françaises exportatrices ; 3) contribuer, par un travail de collecte et d'analyse de l'information, à la définition des propositions de la France et relayer ses positions. En consultant par exemple la page web de la MEE Singapour (Direction générale du Trésor, 2017), nous trouvons un bel exemple de traduction synoptique. Cette page offre en effet une synthèse de la situation économique de ce pays à l'attention des entreprises françaises exportatrices et de celles qui sont déjà implantées localement. De même, la même source met à la disposition du public une sélection d'informations économiques sous forme de brèves. Ces résumés d'articles traduits relèvent clairement d'une traduction documentaire sélective.

Les entreprises communiquent abondamment sur elles-mêmes et le type de traitement traductif à adopter dépend grandement de la nature du document. S'il s'agit de documents destinés à être largement diffusés, notamment aux clients, aux actionnaires et aux investisseurs, la traduction intégrale absolue s'impose car ils jouent un rôle essentiel dans l'image de marque de l'entreprise en question. C'est par exemple le cas pour les rapports d'activité ou la présentation de produits et services. En revanche, si les documents à traiter ne sont destinés qu'à être transmis en interne (au sein de l'entreprise), une traduction intégrale banalisée suffira car le fond primera sur la forme et l'entreprise pourra économiser de l'argent sur ces documents jugés comme moins sensibles.

## EXEMPLES DE TRADUCTION INTÉGRALE

Il convient à ce stade de fournir quelques exemples[2] concrets de traduction tirés de documents économiques, financiers ou commerciaux pour mieux discerner notamment les spécificités de ce type de document et la différence entre traduction intégrale banalisée et traduction intégrale absolue. Tous les exemples cités auront pour langue source l'anglais et pour langue cible le français.

2 D'autres exemples sont disponibles dans notre article intitulé "Translating Articles in the Humanities and Social Sciences" (Barbin, 2014).

Le premier exemple est tiré d'un rapport concernant les prévisions économiques britanniques publié en juillet 2013 par PwC. PricewaterhouseCoopers LLP est un réseau d'entreprises américaines spécialisées dans des missions d'audit, d'expertise comptable et de conseil à destination des entreprises :

> *Consumer price inflation is likely to remain at target in 2014-15. We expect the MPC to keep interest rates on hold in the short term.* (PwC, 2013)

Il convient tout d'abord d'opérer une analyse économique de l'extrait afin de traduire correctement l'abréviation "*MPC*". En effet, cette abréviation peut renvoyer à deux formes développées : "*marginal propensity to consume*" ou "*Monetary Policy Committee*". La polysémie terminologique existe également au sein d'un même domaine technique, même si cet aspect est parfois négligé. Il est donc nécessaire de posséder une très bonne connaissance des mécanismes économiques pour éviter de commettre tout contresens fâcheux. L'amateurisme est à proscrire dans des domaines si pointus. Comme le texte venait de parler d'« inflation des prix à la consommation » ("*consumer price inflation*") dans la phrase précédente, il était assez tentant de conjecturer que "*MPC*" renvoyait à l'expression "*marginal propensity to consume*" (« propension marginale à consommer »). Mais, il serait fautif voire illogique de penser que la propension marginale à consommer puisse influer sur les taux d'intérêts ("*interest rates*"). Ce concept désigne la part d'une unité de revenu supplémentaire consacrée à la consommation, c'est-à-dire le rapport entre la variation de la consommation et la variation du revenu. Il s'agit ici au contraire d'une prérogative du « Comité de politique monétaire » de réguler les taux d'intérêt, sens qu'il fallait adopter dans ce cas. Une fois cette analyse réalisée, le traducteur est en mesure de proposer une traduction intégrale banalisée dudit passage :

> « L'inflation des prix à la consommation devrait rester au niveau de l'objectif fixé en 2014-2015. Nous nous attendons à ce que le Comité de politique monétaire (CPM) maintienne inchangés les taux d'intérêt à court terme. »

Nous rappelons que la traduction intégrale banalisée colle davantage à la structure syntaxique du texte source et ménage une phase de compréhension pour le grand public. C'est par exemple le cas en fournissant la forme développée de l'abréviation « CPM » qui serait inutile pour un public d'experts et en conservant la structure syntaxique de "*we expect*" en français (« nous nous attendons à ce que… »). Une traduction intégrale absolue choisirait une option différente :

> « L'inflation des prix à la consommation devrait rester au niveau de l'objectif fixé en 2014-2015. D'après nos prévisions, le MPC devrait laisser son taux inchangé à court terme. »

Nous constatons ici que la traduction intégrale absolue se démarque davantage de la structure syntaxique du texte source et s'adresse au même public spécialisé que le texte source (à savoir des économistes, des entreprises, des journalistes spécialisés, etc.), qui n'a pas besoin d'explicitation des phénomènes économiques abordés dans le présent rapport. La structure "*we expect*" est ainsi rendue en français par le syntagme nominal (« d'après nos prévisions ») et nous avons choisi de ne conserver que l'abréviation équivalente en français, « MPC ».

Le deuxième exemple émane d'un chapitre d'ouvrage portant sur la protection sociale, la santé et le chômage, rédigé par Carole Camphyn et Pascale Rautenbach. En comparant les systèmes de protection sociale britannique et étasunien, les deux auteurs expliquent les doctrines qui sous-tendent les deux systèmes et les politiques diamétralement opposées choisies respectivement par David Cameron et Barack Obama :

> *The latter [Mr. Obama] has invested public money into health care and a "stimulus package," hoping to alleviate pressure on citizens and revitalise the economy. He paid for the program through pump-priming.* (Camphyn et Rautenbach, 2013, p. 257)

Il serait tout d'abord assez étrange en français de traduire "*Mr. Obama*" par « M. Obama ». Contrairement à l'anglais, il n'est pas dans la tradition française d'employer « Monsieur » pour désigner les chefs d'État. Il sera bien plus idiomatique de le traduire par « Barack Obama » ou « le président Obama ». Il faut ensuite s'attarder sur la traduction de l'expression placée entre guillemets "*stimulus package*". Ce type de présentation typographique doit toujours éveiller l'attention du traducteur. L'auteur indique notamment de cette manière un néologisme ou un concept qui demande un traitement spécifique. Cette expression est ainsi définie par le site Investopedia :

> *A stimulus package is a package of economic measures put together by the government to stimulate a floundering economy. The objective of a stimulus package is to reinvigorate*

> *the economy and prevent or reverse a recession by boosting employment and spending.* (Investopedia, 2017)

Cette mesure économique utilisée pour contrer une récession est ancrée dans une approche keynésienne de l'économie. Cette acception est d'ailleurs confirmée par une autre expression de ce passage qui peut s'avérer problématique, "*pump-priming*", qui peut être définie en ces termes :

> *Pump priming is the action taken to stimulate an economy, usually during a recessionary period, through government spending, and interest rate and tax reductions. The term pump priming is derived from the operation of older pumps ; a suction valve had to be primed with water so that the pump would function properly.* (Investopedia, 2017)

Il s'agit donc d'une mesure consistant à injecter des capitaux dans l'économie pour réamorcer la pompe en période de récession. Dans le cas d'une traduction intégrale banalisée, il faudrait expliciter ce processus économique inconnu du grand public en adjoignant à la traduction proposée une explication du style : « à savoir un allègement fiscal et budgétaire ».

Fort de nos précédentes analyses de ce passage, nous pouvons ainsi proposer la traduction intégrale absolue suivante :

> « Ce dernier [Barack Obama] a investi de l'argent public dans les soins de santé et dans un plan de relance afin de soulager les citoyens et de redynamiser l'économie. Il a financé ce programme par une politique keynésienne de relance. »

Le troisième exemple est extrait d'un ouvrage sur l'anglais financier, plus précisément d'un chapitre définissant les différences entre politique monétaire et politique fiscale. Dans l'extrait proposé ci-dessous, Régine Hollander énonce les points communs entre les partisans de l'économie de l'offre et les partisans de l'économie de la demande :

> *All want an economy that is characterized by low unemployment, brisk growth and moderate inflation, such as the Goldilocks economy of the last decade of the 20th century in the USA.* (Hollander, 2013, p. 9)

L'expression qui doit retenir toute l'attention du traducteur est celle de "*Goldilocks Economy*". Le traducteur doit être en mesure, grâce à son bagage cognitif, de déterminer qu'il s'agit d'une double référence culturelle et historique. Cette formule renvoie clairement au conte « Boucle d'or et les

Trois Ours[3] ». Cette référence est couplée à une allusion historique qui peut plus facilement échapper au traducteur. La paternité de l'expression exacte de "*Goldilocks Economy*" est attribuée à David Shulman dans son article "The Goldilocks Economy: Keeping the Bears at Bay" paru en mars 1992. Cette expression renvoie à une conjoncture économique très favorable, bien équilibrée entre deux extrêmes, en référence au parfait bol de bouillie que goûte Boucle d'Or : le bol n'est ni trop chaud (inflation modérée) ni trop froid (croissance soutenue). Cet état idéal de l'économie est marqué par un faible taux de chômage, une augmentation du prix des actifs (actions, immobilier), de faibles taux d'intérêts, une croissance forte et régulière du PIB (située entre 2 et 3 %) et une inflation modérée (2 % d'après la Fed). Cette formule est utilisée pour décrire l'économie sous l'Administration Clinton. Cette analogie est d'autant plus pertinente que les "*Bears*" désignent les spéculateurs qui jouent à la baisse sur le marché des valeurs boursières (aussi appelés les baissiers).

Suite à notre explication de ce passage, nous pouvons ainsi offrir la traduction intégrale banalisée suivante :

> « Tous désirent une économie présentant un faible taux de chômage, une forte croissance et une inflation modérée, telle l'économie saine et prospère des années 1990 aux États-Unis. »

Le traducteur est contraint de neutraliser cette double référence pour un public non averti qui ne serait pas en mesure de la décrypter et d'indiquer clairement à la place de quel type d'économie il s'agit, d'où la proposition de la traduire par « économie saine et prospère ».

## CONCLUSION

Cette dernière partie se veut davantage une ouverture à la discussion qu'un point final sur la recherche en traduction économique, financière et commerciale. Il faut tout d'abord souligner que ce type de traduction

3 Ce conte d'origine écossaise, « The Story of the Three Bears » est paru pour la première fois en 1837 dans l'ouvrage *The Doctor, &c*, rédigé par Robert Southey. Il est indexé par le conte-type ATU 171 dans la classification Aarne-Thompson-Uther (Uther, 2011).

ne se limite pas à résoudre des difficultés d'ordre terminologique et phraséologique. Elle suppose de suivre au préalable toute une démarche d'appropriation du document et d'en effectuer une réelle analyse économique si l'on veut parvenir à une traduction satisfaisante.

Nous rappelons également que toute erreur de traduction (ou absence de transcréation publicitaire[4] dans le cas présent) peut entraîner de lourdes conséquences pour l'entreprise et la discréditer à long terme. Le traducteur doit pleinement comprendre l'enjeu commercial important que revêt son travail. C'est notamment vrai pour la traduction d'une brochure ou d'une campagne publicitaire. Nous pensons par exemple à l'implantation ratée du groupe Carrefour en Corée du Sud. Faute de n'avoir pas su intégrer les valeurs familiales et patriotiques du pays dans sa campagne (traduction trop littérale) ni adapter son modèle économique au marché sud-coréen (en ne proposant pas notamment suffisamment de produits locaux), ce groupe de distribution français s'est vu dans l'obligation de fermer définitivement en 2006 toutes ses succursales (32 hypermarchés) et de les céder au groupe britannique Tesco. Fort de cette expérience, Tesco s'est allié au groupe coréen Homeplus[5] pour ne pas réitérer la même catastrophe. De plus, cet échec économique cuisant s'est doublé du licenciement de 6 400 salariés coréens, principalement des « *ajumma*[6] », symbole fort dans ce pays du sacrifice des femmes travaillant dur pour aider au financement des études de leurs enfants, ce qui a conduit à de nombreuses grèves. Ces manifestations ont été illustrées, sans équivoque pour la population sud-coréenne, aussi bien dans le film de 2014 *Cart*[7] que dans la série populaire sur Internet *Songgot*[8]. Nous voyons ici dans cet exemple que cette erreur de stratégie économique

4 Ce concept est défini ainsi par Bertrand Bathelot (2017), professeur agrégé de marketing : « La transcréation est une démarche d'adaptation d'un message publicitaire à un pays ou une culture étrangère. Selon les médias publicitaires, la transcréation comprend évidemment un volet traduction, mais elle peut comprendre également une partie d'adaptation des images à la culture du pays visé. Dans le cadre de la transcréation, le travail de traduction va évidemment au-delà d'une simple traduction littérale car le défi est de conserver l'intention et éventuellement l'émotion publicitaire. »

5 Translittération du terme coréen 홈플러스.

6 Translittération du terme coréen 아줌마.

7 Translittération du terme coréen 카트, il désigne un chariot de supermarché.

8 Translittération du terme coréen 송곳, dont le titre signifie littéralement « exercice d'évacuation militaire ». Ce webtoon, initialement diffusé sur Internet, mais seulement adapté en série télévisée en 2015, a pour héros un ancien officier de l'armée Lee Soo-in

n'a pas seulement eu des répercussions pour le groupe Carrefour, mais a nui durablement à l'image de la France en Corée du Sud.

Il convient donc tout particulièrement dans ce type de traduction d'adopter une approche innovante. Il ne faut pas rester prisonnier d'une méthodologie classique élaborée par des spécialistes disciplinaires qui ne sont pas des traducteurs professionnels. Nous pensons par exemple à l'approche que nous avions proposée pour la traduction de questionnaires dans un projet de recherche en gestion (Barbin, 2011). Traditionnellement, la méthode "*Ask-the-same-question*" (« poser la même question ») est employée (Smith, 2003), ce qui correspond à une traduction littérale des items. Elle est couplée à une vérification par "*back-translation*" (« rétro- traduction » ou « contre-traduction ») (Davoine et Méda, 2008, p. 5), ce qui consiste à retraduire la question traduite dans la langue source. Ce genre d'approche empêche de repérer des dysfonctionnements manifestes dans les questionnaires (ambigüités, incompréhensions, choc culturel, etc.), qui auraient pu être détectés plus tôt si un réel dialogue entre chercheurs disciplinaires et traducteurs avait été instauré dès le début du projet, mais qui n'apparaîtront alors que lors de la phase analytique des données recueillies. Il convient donc de sortir de la dualité texte-source / texte-cible et de penser au contraire en termes d'enrichissement mutuel entre les deux versions du questionnaire, ce qui s'apparente au concept de "*backlighting*" (« rétro-éclairage ») préconisé par Michaël Oustinoff (2001, p. 117). Le but est de parvenir à deux versions concertées et acceptables dudit questionnaire qui répondent à la fois à des impératifs de recherche (réponses équivalentes à provoquer chez les répondants) et d'intercompréhension culturelle (compréhension différente d'un pays à l'autre).

Franck BARBIN
Université Rennes 2, LIDILE
France

qui devient le manager d'un Fourmis Mart (supermarché en coréen) et qui refuse de licencier l'intégralité de ses employés.

# DEUXIÈME PARTIE

# POLITIQUES LINGUISTIQUES

# LA TRADUCTION À L'ONU[1]

La traduction est l'une des principales caractéristiques du travail au sein d'une organisation internationale, à plus forte raison lorsque cette dernière se reconnaît plusieurs langues officielles. À l'ONU, tout document officiel doit être traduit et publié simultanément dans les six langues que sont l'anglais, l'arabe, le chinois, l'espagnol, le français et le russe, notamment lorsqu'il s'agit du document d'un organe principal des Nations unies, tels que le Conseil de sécurité, l'Assemblée générale ou le Conseil économique et social. C'est que les effets bénéfiques de la traduction y sont compris comme dépassant de beaucoup son coût.

La traduction dans plusieurs grandes langues véhiculaires permet aux 193 États membres de l'ONU d'avoir accès à ses travaux et aux documents ayant une valeur juridique ou politique qui y sont adoptés. Elle promeut un esprit de démocratie au sens où elle permet à chaque orateur ou rédacteur de documents de choisir la langue qu'il maîtrise le mieux, et d'y déployer les ressources de sa langue[2]. Du point de vue de l'institution, il s'agit là d'une marque naturelle de respect envers autrui et d'ouverture à la différence. La diversité linguistique qu'autorise la traduction favorise la distanciation critique[3]. La traduction permet

1 Les opinions exprimées ici sont strictement personnelles et n'engagent nullement l'Organisation des Nations unies.

2 Tout orateur peut en effet choisir de s'adresser à la communauté internationale dans la langue de son choix pour autant qu'il fournisse une interprétation de son discours dans l'une des six langues officielles. Tout rédacteur doit soumettre son texte dans l'une des langues officielles de l'organe auquel il s'adresse. Il peut bien évidemment écrire dans la langue de son choix puis le faire traduire dans l'une des langues de l'Organisation.

3 Elle permet de sortir de ses propres schémas de pensée bien que les négociations ne se fassent souvent qu'en une seule langue, l'anglais mondialisé ou *globish*, et les autres langues et façons de penser n'ont pas l'occasion de se faire entendre au cours du travail préparatoire des résolutions et des décisions : la traduction n'intervient qu'une fois les décisions prises, ce qui réduit son rôle. Une langue de traduction est une langue qui n'est pas utilisée dans toutes ses capacités expressives. L'absence de traduction de plus en plus systématique dans les travaux préparatoires est une cause d'appauvrissement des idées et des propositions exprimées par des participants à des négociations dans

d'améliorer la formulation des idées au sens où l'Organisation dispose de spécialistes des langues qui savent rétablir les textes et y éviter maintes erreurs et incongruités. Elle permet d'aplanir les difficultés de compréhension entre acteurs : par-delà la diversité des façons de dire, elle unifie le contenu du message. C'est en cela qu'elle génère « du commun à partir de l'écart [qui existe entre les langues] et du vis-à-vis », selon la formule de François Jullien (2016, p. 77).

En 2016, il s'est tenu quelque 2300 réunions au siège de l'ONU à Genève et plus de 70 millions de mots y ont été traduits. C'est dire, pour reprendre la célèbre formule d'Umberto Eco[4], que la langue des Nations unies, c'est la traduction. Cette présentation a pour objet de donner un aperçu des choix linguistiques de l'Organisation, des règles qui y régissent la pratique traductive ainsi que des enseignements que l'on peut tirer de cette pratique du point de vue de la traductologie et du fonctionnement de la langue en milieu multilingue international.

## LES CHOIX LINGUISTIQUES DE L'ORGANISATION

Plusieurs facteurs expliquent les choix linguistiques de l'Organisation, que les auteurs et les traducteurs sont tenus de respecter : les demandes des États membres, la nature de l'Organisation aux dimensions planétaires et les caractéristiques de la documentation officielle.

### LES DEMANDES DES ÉTATS MEMBRES

En fonction d'un principe de neutralité scrupuleusement appliqué, le Secrétariat s'interdit de donner aux États membres un autre nom que celui par lequel ces États souhaitent se faire appeler. Les noms de

une langue qui n'est pas leur langue principale ; elle est aussi une cause de discrédit de l'organisation internationale : « Dans sa langue maternelle on plie sa langue à sa pensée, dans une langue étrangère on plie sa pensée à la langue » relevait Danica Seleskovitch (1984).

4 « La langue de l'Europe, c'est la traduction », phrase prononcée lors de la conférence qu'Umberto Eco a donnée aux Assises de la traduction littéraire en Arles, le dimanche 14 novembre 1993.

pays, les noms de leurs habitants et les noms géographiques, objets de variantes interprétables comme autant de prises de position politique, ont été minutieusement recensés afin d'être utilisés uniformément, selon le vœu des autorités nationales représentées auprès de l'ONU ou selon la graphie qui convient. Ainsi, les représentants ivoiriens ont fait savoir à l'ONU qu'ils souhaitaient que le nom de leur pays, « Côte d'Ivoire », s'écrive ainsi dans toutes les langues officielles, c'est-à-dire dans celles qui utilisent un alphabet latin, et que ce nom soit transcrit phonétiquement dans les langues officielles faisant usage d'un autre alphabet[5]. La même demande a été présentée par les représentants du Timor oriental qui ont exigé que leur pays soit appelé « Timor-Leste » à l'ONU dans toutes les langues officielles. Ces demandes excluent l'usage d'exonymes bien implantés, tels que « Ivory Coast » en anglais ou « Timor oriental » en français. C'est aussi à la demande de la Chine, qu'on écrit à l'ONU « Taïwan, province de Chine » chaque fois que ce toponyme est mentionné pour marquer l'unité de la République populaire de Chine, seule représentante de la Chine auprès de l'ONU depuis 1972.

La volonté des États membres peut faire déroger aux règles grammaticales ou à l'usage. C'est ainsi que dans les années 1970, le terme « pays en développement » a remplacé celui de « pays en voie de développement », à la demande des pays ainsi désignés, naguère appelés « pays sous-développés » ou « tiers-monde ». Selon eux, le terme contenant la locution « en voie de » ne traduisait pas correctement le processus dans lequel ils étaient engagés. Or la locution « en voie de » est une locution figée qu'on trouve, par exemple, dans « espèce en voie de disparition ». Elle a été réanalysée par ces pays comme signifiant « pays non encore engagé dans le processus de développement » mais cette resémantisation n'a pas été étendue à d'autres expressions : les « espèces en voie de disparition » sont bien engagées dans le processus qui mène à leur disparition. De surcroît, la préposition « en » dans le terme « pays en

5 La raison invoquée pour expliquer la décision des représentants de la Côte d'Ivoire est dit-on la suivante : les noms de pays inscrits sur les pupitres des salles de conférence alternant entre l'ordre alphabétique anglais et l'ordre alphabétique français (les deux langues de travail du Secrétariat de l'ONU), les représentants de la Côte d'Ivoire devaient changer de place dès que l'ordre alphabétique tournait, et se trouvaient soit voisins des représentants de pays dont le nom commençait par un « I » quand l'ordre anglais prévalait (*Ivory Coast*), soit voisins de ceux dont le nom commençait par un « C » (Côte d'Ivoire). Pour les délégués ivoiriens, il s'agissait là d'un désavantage auquel l'imposition d'un nom unique dans toutes les langues mit un terme.

développement » exigerait un substantif : on dit « espèces en péril » sans employer de nominalisation d'action : ainsi l'expression « *espèces en disparition » ne serait pas grammaticalement correcte. En anglais, le terme correspondant *developing country*, traduit par « pays en voie de développement » et désormais par « pays en développement », n'a pas donné lieu à une telle réinterprétation. Le néologisme « pays en développement » illustre le fait que dans un environnement où le politique prime sur le linguistique, ce qui est acceptable politiquement peut parfois l'emporter sur la correction grammaticale.

## LA NATURE DE L'ORGANISATION

Travailler dans une organisation internationale à vocation planétaire impose certains choix lexicaux. Les saisons correspondant à des périodes différentes d'un hémisphère à l'autre, les noms des saisons ne sont pas employés pour désigner des sessions (les désignations « session d'hiver », « session d'été » n'y ont pas cours) ; on utilise à leur place des numéros et des dates. Les expressions d'origine religieuse qui risqueraient d'être prises dans leur sens littéral sont également bannies (« baptiser » au sens de « nommer », « débaptiser » au sens de « changer de nom », « porter sur les fonts baptismaux » au sens d' « inaugurer », « remettre l'église au milieu du village » à savoir « revenir à l'essentiel »).

La raison d'être de l'Organisation a également une incidence sur le choix des termes : traiter des problèmes que rencontrent diverses sociétés dans le monde a pour conséquence l'introduction, dans le lexique des langues officielles, de termes renvoyant à des notions, nées dans des sociétés ou des contextes particuliers, et qui du fait d'être traitées à l'ONU nécessitent la création de mots nouveaux dans les autres langues. Trois exemples illustrent les périls auxquels s'exposent le terminologue et le traducteur de l'ONU dans la recherche d'équivalents de concepts américains. Le terme *working poor*, apparu pour désigner une réalité qui semblait contraire à l'idée que pour sortir de la pauvreté il suffisait d'avoir un travail, a reçu pour équivalent français « travailleur pauvre », par exclusion de « pauvre travailleur », qui connote un sentiment d'apitoiement sur le sort de la personne en question, que la notion purement économique ne véhicule pas. Le terme *governance*, traduit par « gouvernance » est décrié comme un calque sémantique de l'anglais ; Barbara Cassin relève que ce terme qui désignait en français depuis

1679 une charge de gouvernante permet d'élider le terme « “gouvernement”, c'est-à-dire la dimension politique (…). Quand la France parle de gouvernance, non seulement elle parle *pidgin-English*, mais elle pense anglo-saxon. » (2016, p. 57) La notion que recouvre le terme *inclusive education*, définie par l'UNESCO comme « fondée sur le droit de tous à une éducation de qualité qui réponde aux besoins d'apprentissage essentiels et enrichisse l'existence des apprenants » a été dans un premier temps rendue elle aussi par un calque de l'anglais : « éducation inclusive » ; elle est devenue plus compréhensible lorsqu'elle a été réanalysée en français comme une approche pédagogique qui préconise l'intégration de tous les enfants, ayant ou non des besoins particuliers, dans une classe ordinaire, et qu'elle a été nommée « inclusion scolaire[6] ». L'équivalent approprié dans une autre langue ne s'impose pas toujours immédiatement ; aussi le traducteur et le terminologue d'une organisation internationale sont-ils toujours à l'affût d'une meilleure façon de dire que celle qu'ils ont arrêtée dans le feu de l'action. Les conditions de production des traductions, l'application de quotas et les délais de traduction exposent le traducteur aux influences de la langue source. Le contact des langues exige de lui une vigilance de tous les instants. Le terme *methodology* courant en anglais dans le sens de « méthode employée pour parvenir à un résultat » est parfois indûment traduit par « méthodologie » par symétrie avec le terme anglais, ce que les bons traducteurs déplorent.

L'objectif que vise l'ONU au moyen d'une intervention sur le réel doit être à chaque fois recherché et analysé par le traducteur et le réviseur, quand bien même le texte de départ serait imprécis ou équivoque. Lorsqu'il a fallu traduire en français le nom de l'entité juridique instituée en 1998 par le traité de Rome : *International Criminal Court (ICC)*, le nom de « Cour pénale internationale (CPI) » a paru préférable aux variantes « Tribunal criminel international » ou « Cour criminelle internationale ». Selon le juriste Henri Donnedieu de Vabres, le droit criminel « vise les actes délictueux, qu'il s'agit d'atteindre » ; le droit pénal, quant à lui, « s'applique aux sanctions. (…) L'usage courant les emploie comme synonymes pour désigner la science juridique qui traite de la répression. (…) Dans son acception la plus large, le droit criminel englobe la

6 Terme retenu par le Collège éducation et enseignement supérieur et soumis à la Commission de l'enrichissement de la langue française, réunie par la Délégation générale à la langue française et aux langues de France, le 27 septembre 2017.

procédure pénale – jadis nommée instruction criminelle – qui traite de l'organisation des tribunaux répressifs, des règles suivant lesquelles les infractions sont constatées et poursuivies, du mode d'exécution forcée et de l'autorité des jugements. » (1946, p. 7) Il n'est pas exclu que les partisans de « cour pénale » n'aient craint que l'appellation « tribunal criminel » ne fasse prévaloir l'idée que l'institution ainsi désignée mettrait l'accent sur les crimes qu'il ne fallait plus laisser impunis, tandis qu'à leurs yeux il était clair qu'il s'agissait de mettre en place une institution châtiant les infractions antisociales commises dans quelque pays que ce soit. Divers pays, dont les États-Unis d'Amérique, l'ont compris ainsi puisqu'ils n'ont pas reconnu cette Cour au motif qu'elle porterait atteinte à leur souveraineté.

Privilégier les précédents pour rester en prise avec un héritage consiste à maintenir les dénominations historiques, telles qu'elles ont été employées dans les instruments juridiques : ainsi le terme « droits de l'homme » est utilisé dans les documents officiels plutôt que « droits humains » (terme en usage en Suisse), calque de l'anglais *human rights* mais qui est aussi le nom d'une loge maçonnique en France (le Droit humain), ou que « droits de la personne » (en usage au Canada). Il s'agit pour l'ONU de reprendre les termes utilisés dans la Déclaration universelle des droits de l'homme de 1948, elle-même inspirée notamment de la Déclaration des droits de l'homme et du citoyen de 1789. De même, le terme « personne handicapée » *(person with disability)* est maintenu à l'ONU bien que l'usage administratif en France a évolué et consacre « personne en situation de handicap », car il importe d'assurer la nécessaire continuité dans l'usage de la terminologie des conventions internationales, et notamment de la Convention relative aux droits des personnes handicapées de décembre 2006.

L'idée qu'en changeant les mots on transforme les perceptions et, partant, les attitudes a conduit, dès la fin des années 1940, les responsables du Département de la tutelle et des territoires non autonomes à éviter l'emploi dans les textes des termes *native* en anglais, « indigène » en français, qui étaient historiquement connotés, et de leur préférer *aborigenous* (devenu par la suite *indigenous*) en anglais, et « autochtone » en français, termes encore utilisés de nos jours, notamment dans la Déclaration des Nations unies sur les droits des peuples autochtones (*United Nations Declaration on the rights of indigenous people*), adoptée par l'Assemblée générale des Nations unies en septembre 2007. La distinction entre « peuples » autochtones et « populations » autochtones, tient quant à elle davantage au point de vue auquel on se place, politique, démographique ou économique, que de l'influence de l'anglais *people* sur le choix de « peuple » en français.

Le respect des dénominations historiques ne concerne pas uniquement les textes de portée juridique. En espagnol, la pomme de terre ayant été découverte dans un pays de langue espagnole d'Amérique latine, le Pérou, c'est le terme qui désigne la « pomme de terre » au Pérou qui est utilisé dans les documents des Nations unies, à savoir *papa*, de préférence à *patata*, terme employé en Espagne, par exemple. Il reste que chaque langue officielle de l'ONU doit trouver un équilibre entre langue standard et langue régionale. L'espagnol de la péninsule ibérique reste privilégié par rapport à celui qui est en usage en Amérique latine. Ainsi, on utilisera des termes, tels que *ordenador* (sur le modèle du français « ordinateur ») plutôt que *computadora* (calque de l'anglais *computer*). En français, le terme « employé de maison » ne figure pas dans les textes car il ne serait pas compris de tous les francophones (notamment en Afrique) en raison des usages différents qui prévalent au sein de la francophonie. Le terme utilisé dans ce contexte est « travailleur domestique », qui correspond à l'anglais *domestic worker*, mentionné dans les conventions du Bureau international du Travail.

## LES CARACTÉRISTIQUES DE LA DOCUMENTATION

Les textes à traduire ne sont pas classés à l'ONU en fonction de leur degré de difficulté. La raison en est que tout document, même en apparence court et de portée générale, peut présenter des difficultés de traduction et mobiliser des connaissances techniques. Ainsi un texte sur le droit de la mer peut contenir des termes juridiques (*right of innocent passage* « droit de passage inoffensif »), des termes économiques (*Exclusive Economic Zone (EEZ)* « zone économique exclusive (ZEE) ») et des termes techniques (*polymetallic pellets* « nodules polymétalliques », terme qui se réfère aux ressources du fond des mers).

La fourniture de services de qualité est comprise comme faisant obligation, et pour les rédacteurs en langue source et pour ceux qui les recréent en langue cible, de préserver la stabilité et la continuité des choix linguistiques de leurs prédécesseurs, tant au niveau du terme que de la phrase, du paragraphe ou du texte. Une organisation particulière du travail a été mise en place pour systématiser cette tâche et gérer les divergences linguistiques susceptibles de nuire à la force et à l'unité de la langue, synonyme d'autorité des Nations unies elles-mêmes. L'exigence de cohérence intertextuelle qui renvoie à la nécessité de se conformer aux précédents terminologiques et phraséologiques s'explique aussi par la volonté de ne pas dérouter le lecteur qui associe plus volontiers une modification de texte à un changement de position qu'à la manifestation de l'esprit de perfection. Or s'il est vrai qu'une traduction n'est jamais définitive, à l'ONU, elle acquiert, pour ce qui est d'un texte officiel, un caractère d'immuabilité.

## LES RÈGLES QUI RÉGISSENT LA PRATIQUE TRADUCTIVE EN MILIEU INTERNATIONAL

L'attention portée au risque de tomber dans le piège des faux-amis du vocabulaire anglais est une caractéristique du travail du traducteur français. Suite à l'invasion du Koweït par l'Iraq, un « Fonds d'indemnisation » a été créé en 1991 sous le nom de United Nations Iraq-Kuweit *Compensation Fund*. Le terme « compensation » avait été un moment envisagé car il existe bien en français mais il est vite apparu que la perte d'une vie humaine ne pouvait être compensée, mais qu'elle pouvait donner lieu à indemnisation, d'où le nom arrêté pour désigner le Fonds. L'adjectif *conventional* est souvent rendu par le calque « conventionnel », comme dans le terme « gaz non conventionnel » pour désigner le « gaz de schiste » (*shale gas*) ou « blé conventionnel » par opposition à « blé biologique », mais, dans le contexte du désarmement, *conventional armament* est rendu par « armement classique » car l'adjectif « conventionnel » a le sens de « qui résulte d'une convention » ; or précisément cet armement fait l'objet de négociations en vue de la mise au point d'une convention. Dans le contexte des entreprises, le néologisme *incubator* a aussi dans un premier temps été rendu par le calque « incubateur » dans les textes de la Conférence des Nations unies sur le commerce et le développement

(CNUCED) avant que ne soit trouvé un équivalent qui convienne mieux : « pépinière (d'entreprises) ».

Pour s'assurer qu'un même message soit transmis dans toutes les langues, il s'agit de veiller à ce que les figures imposées du discours onusien (notamment les citations, les renvois à d'autres documents, les appellations officielles et la phraséologie spécifique aux conférences internationales) soient employées sous leur forme exacte, y compris en ce qui concerne la présence ou non de majuscules (dans les langues où elles existent, ce qui n'est pas le cas de l'arabe ou du chinois), afin d'éviter les variantes, sources de méprise ou d'indisposition des lecteurs. Il s'agit également d'éliminer les erreurs susceptibles d'être rétablies différemment par les traducteurs travaillant chacun dans sa langue. Parmi les erreurs les plus caractéristiques à rectifier dans les textes originaux avant qu'ils ne soient traduits dans les diverses langues, on peut citer les textes où les interférences linguistiques sont légion[7] et les textes dont la logique est défectueuse.

La traduction des acronymes et des sigles, qui ne sont pas tous, loin s'en faut, répertoriés dans les manuels ni les bases de données mises à la disposition du traducteur, nécessite une décision au cas par cas : souvent l'acronyme français et l'acronyme anglais coexistent dans les sources de référence que constituent les textes de la communauté scientifique francophone. L'exemple de la création par le terminologue de langue française de l'acronyme français GIEC en 1990, correspondant au nom développé du « Groupe d'experts international sur l'évolution du climat » et repris par les traducteurs de l'ONU, montre que l'innovation en français n'est pas sans écho. L'acronyme anglais IPCC pour *International Panel on Climate Change* menaçait de se répandre dans les textes onusiens et les médias francophones quand l'acronyme français est apparu. GIEC a depuis été repris par les scientifiques et la presse de langue française bien au-delà du cercle onusien. Le traducteur, qui opte soit pour l'évitement des anglicismes soit pour leur utilisation au nom d'un usage qu'il n'est pas toujours conscient d'être à même d'influencer, doit non seulement être

7 La proximité de l'anglais et du français donne lieu à de nombreux faux-amis, tant dans le domaine terminologique (*professional accomplishments* peut être mal traduit par « accomplissements professionnels », quand « accomplissement » en français a le sens de « réalisation complète ») que dans le domaine syntaxique (« être en ligne avec », en parlant d'un rapport), est le calque de l'anglais *to be in line with* : le traducteur rétablit le texte en traduisant correctement « reprendre les arguments de » ou « s'inscrire dans le droit fil de ».

cohérent d'un bout à l'autre de son texte, mais également tenir compte des choix de ses collègues et de ses prédécesseurs pour l'ensemble des textes de l'Organisation.

On ne s'étonnera pas que les traducteurs s'élèvent contre les partisans du recensement systématique dans les bases de données de la terminologie et de la phraséologie contenues dans les textes de l'ONU. Les traducteurs tiennent en effet à préserver leur domaine de créativité et ne pas avoir à traduire de façon stéréotypée les substantifs d'une langue pouvant être rendus dans une autre par d'autres catégories du discours. Ainsi *burden sharing*, traduit souvent par « partage du fardeau » peut dans certains cas l'être plus judicieusement par « répartition de l'effort », qui paraîtra plus clair pour les non-avertis, ou par un verbe correspondant. Cette réticence des traducteurs à faire figurer toutes les expressions courantes dans les bases de données terminologiques pour ne pas être tenus par une seule équivalence possible peut expliquer pourquoi l'utilisateur de ces bases est parfois déçu de ne pas y trouver ce qu'il y cherche. L'impossibilité de faire figurer dans une base de données terminologiques multilingues des problèmes de traduction particuliers à une paire de langues fait qu'également le contenu de la base UNTERM sur Internet peut sembler lacunaire.

La diversité de points de vue sur ce qu'est une bonne traduction ne peut manquer de faire l'objet de débats. La qualité de la traduction à l'ONU est parfois remise en cause par ceux que l'on pourrait nommer les auto-traducteurs, c'est-à-dire les experts ou les lecteurs connaissant deux langues officielles et qui vont chercher à comparer la traduction faite par des professionnels avec celle qu'ils croient être en mesure de faire eux-mêmes. Les périls de ce genre d'exercice sont grands et l'Organisation s'attache à le faire savoir pour éviter que ne se développe une culture de la suspicion et de la malveillance, qui sont les ennemies de la bonne entente. Les chefs de section de traduction sont ainsi conduits à faire de la pédagogie de la traduction et à insister sur le fait que l'auteur ou le lecteur ne retrouve jamais ce qu'il aurait pu écrire dans une autre langue dans le texte réécrit par un autre que lui-même, d'où une relation souvent plus ou moins ouvertement conflictuelle entre l'auteur ou le lecteur et le traducteur car il est facile d'oublier que la traduction n'est pas qu'un transcodage linguistique mais une réécriture sous une série de contraintes, ici celles qui s'imposent à la langue des Nations unies.

# ENSEIGNEMENTS DE LA PRATIQUE TRADUCTIVE À L'ONU

## ENSEIGNEMENTS POUR LA TRADUCTOLOGIE

La langue des Nations unies renvoie à une question essentielle en traduction spécialisée : peut-on rendre dans tous les cas une signification qui ne soit pas tributaire des formes de la langue dans laquelle cette signification est exprimée ? La réponse du traductologue Jean-René Ladmiral (2014) est sans appel : il nous faut dans tous les cas quitter la langue source et réécrire le message dans la langue cible. À l'ONU cependant, les cas de ce que le même Jean-René Ladmiral qualifie de « régression sourcière » ne sont pas rares dans les résolutions et autres instruments juridiques internationaux : le traducteur doit coller à la syntaxe de la langue source pour permettre au lecteur plurilingue de suivre les mots d'une langue à l'autre, de peur que celui-ci ne soupçonne le traducteur d'avoir commis une erreur ou de faire dire à un texte autre chose que ce que son auteur a voulu dire. On aurait tort de rechercher les adeptes de l'école sourcière ou de l'école cibliste dans chaque document de l'ONU. Les approches de la traduction à l'ONU se font au cas par cas. Le souci cibliste se lit dans les conseils au traducteur de l'ONU[8] qui précisent qu'il faut faire oublier au lecteur que le texte traduit est une traduction : une bonne traduction est un texte qui donne au lecteur le sentiment qu'il lit le texte original. Les documents de l'ONU doivent aussi se lire comme s'ils avaient été écrits par la même main, ce qui explique la longue initiation du traducteur au style et aux usages onusiens, que la pratique de la traduction permet d'acquérir sans lui éviter complètement d'avoir à traverser par des sentiers différents le champ des possibles laissé ouvert par les textes. L'impératif sourcier qui s'imposera chaque fois qu'il s'agira de traduire les instruments juridiques et les résolutions des organes principaux des Nations unies (que sont l'Assemblée générale et le Conseil de sécurité, par exemple), va privilégier le mot à mot : la traduction devra suivre le texte original jusque dans sa ponctuation pour éliminer le plus possible les interprétations divergentes ou les soupçons d'interférence, et permettre de passer directement de la

8 *Cf.* Organisation des Nations unies (1988).

langue source à la langue cible et vice-versa. La traduction deviendra littérale lorsque le traducteur devra, tout en suivant scrupuleusement le texte de la langue source, introduire des correctifs grammaticaux pour ne pas faire violence au génie de la langue cible.

## LE FONCTIONNEMENT DE LA LANGUE EN MILIEU INTERNATIONAL

Plusieurs constats méritent d'être soulignés pour comprendre comment une langue consensuelle, destinée à être utilisée par les États membres et tous ceux qui travaillent pour l'institution internationale, s'élabore aux fins de traiter, à l'oral ou par écrit, des questions relatives à la paix, à la survie de la planète et à la coopération internationale.

L'usage qui est fait de la traduction à l'ONU est un acte politique au même titre que le choix et la pratique des langues. Comment dès lors éviter que la langue ne soit instrumentalisée ? L'exemple le plus célèbre de ce risque courant nous est fourni par la traduction d'un syntagme dans la résolution 242 du Conseil de sécurité du 22 novembre 1967 : *withdrawal of occupied territories* traduit par « retrait des territoires occupés » et non comme l'auraient souhaité des diplomates « retrait de territoires occupés », c'est-à-dire « retrait de certains territoires occupés ». Le contentieux tient à l'emploi de la préposition définie « des » et non « de » en français pour traduire l'absence d'article en anglais ; en effet, la présence dans la traduction de la préposition définie « des » signifiait pour certains pays « évacuation de tous les territoires ». Or le choix de la préposition n'était pas dicté par des considérations politiques mais par la stricte application des règles de grammaire de la langue française : le syntagme « retrait de territoire » n'est pas lexicalisé dans la langue au même titre que l'est « retrait de permis » ou « permis de construire » ; la nominalisation du verbe « retirer », suivie d'un substantif, exige l'article défini : « retrait du monde » ; au pluriel l'article reste défini : « retrait des affaires[9] ». On voit là que l'application des règles de grammaire est la meilleure voie de salut du traducteur même si la politique s'accommode mal de la grammaire : il n'est pas rare qu'un texte contenant des fautes soit adopté sans que le correcteur ou le traducteur ait pu rétablir les choses de peur de compromettre l'accord patiemment obtenu.

---

9 On trouvera d'autres exemples des jeux de pouvoir sur le statut et le corpus des langues officielles dans les organisations internationales dans de Saint Robert (2013 ; 2015).

Tout rédacteur de texte dans une organisation internationale est aussi auto-traducteur, ce qui pose le problème de la traduction jugée par des non-professionnels : au fur et à mesure que l'usage de l'anglais se répand, tout locuteur non natif de cette langue s'autorise non seulement à travailler dans cette langue, au risque de multiplier les erreurs et les contre-sens, mais également à évaluer la traduction d'un professionnel, ce qui peut aussi donner lieu à des erreurs. Ainsi, la traduction du syntagme *without any interruption of services* par « fourniture de services sans solution de continuité » a été jugée, à tort, comme erronée par un lecteur francophone qui ne savait pas que l'expression française consacrée « sans solution de continuité » voulait précisément dire « sans interruption de services ». D'où le recours modéré aux expressions idiomatiques dans les traductions à l'ONU, au risque d'être taxé de privilégier un style plat.

Un texte officiel passe en principe par différentes étapes de rédaction : ses différents co-auteurs (membres du Comité de rédaction ou de validation) et les responsables de la mise en forme rédactionnelle assurent en principe un contrôle de qualité avant la remise du texte au traducteur. Or il n'est pas rare que le traducteur ait à exercer lui aussi un contrôle de qualité dans la mesure où il repère et fait corriger nombre d'incongruités restées dans le texte qu'il est en train de traduire. On peut dire que le traducteur, en tant qu'acteur dans la gestion de la connaissance des langues et des cultures, participe à la création documentaire tant par la valeur ajoutée qu'il apporte à l'original que par la réinvention du texte qu'il fournit dans une autre langue.

L'acquisition de la langue des Nations unies par le traducteur qui a réussi un concours hautement sélectif et a été invité à rejoindre l'Organisation est un long processus. Au terme d'un stage de deux ans avant d'être confirmé dans son poste, le traducteur aura besoin de près de cinq années de formation en cours d'emploi pour acquérir les réflexes et les automatismes liés à la maîtrise de cette langue, compte tenu de l'importance de la mémoire institutionnelle avec laquelle il devra se familiariser. Une spécialisation dans les domaines fréquemment abordés aux Nations unies est recommandée (notamment le droit, et notamment le droit international ou les droits de l'homme, l'économie, les transports, l'écologie ou encore la défense) pour lui permettre de saisir et reconstruire rapidement le sens des textes qui lui sont soumis.

En un lieu où se confrontent diverses explications du monde, les spécialistes des langues doivent maîtriser une langue consensuelle, qui évite les polémiques et pallie les lacunes terminologiques, en plus de la parfaite maîtrise d'au moins trois langues. La langue employée aux Nations unies est une langue que leurs pères fondateurs ont voulue d'accès simple et intelligible pour le plus grand nombre en dépit de la haute technicité des textes qui y sont débattus. C'est précisément ce à quoi tend l'art de la traduction à l'ONU.

Marie-Josée DE SAINT ROBERT
Linguiste et politologue
France

# LE DROIT EN PARTAGE DANS L'UNION EUROPÉENNE

## Définitions et traductions

Le droit ne se maîtrise pas sans efforts, occasionnant parfois une impression de dédale. Qui ne s'est interrogé, à la lecture du Code civil, du Journal officiel ou de la décision d'une juridiction nationale, sur le sens qu'il convenait de donner à tel mot, telle disposition ou tel paragraphe ? La même remarque vaut, et sans doute plus encore, s'agissant du droit de l'Union européenne, pour deux raisons majeures.

La première tient à la dimension de l'organisation. 28 États membres, jusqu'au Brexit, ce sont autant d'ordres juridiques que compte l'Union, auxquels se superpose celui de l'organisation elle-même. Il en résulte des risques de recouvrement et des difficultés d'articulation qu'aggrave l'emploi de concepts qui peuvent différer d'un État membre à l'autre, quand ils ne sont pas purement et simplement inconnus dans un droit ou dans l'autre. S'ajoute à cette difficulté le fait que l'Union européenne compte également à ce jour 24 langues officielles[1] (Pingel, 2017a). Il en résulte une traduction nécessaire des textes destinés à s'appliquer à une population estimée en 2018 à plus de 512 millions d'habitants[2]. L'entreprise est d'envergure ; elle est d'autant plus délicate que, techniquement, l'opération traduisante est une opération approximative qui emporte avec elle des risques de perte de sens, voire de contresens (Glanert, 2011, p. 28-29). Ces risques sont naturellement amplifiés dans l'hypothèse où il existe, comme dans l'Union, 552 combinaisons linguistiques possibles. Ils le sont plus encore dès lors qu'aux langues officielles des États s'ajoute une langue de l'Union véhiculant des notions autonomes.

1 *Cf.* l'art. 1er du règlement 1/58 du Conseil, du 23 avril 1958, *JO* 17/385, 6.10.1958, plusieurs fois modifié. Sur les évolutions possibles du régime linguistique de l'Union européenne après le retrait britannique.

2 *Cf.* Eurostat, Tableau de la population au 1er janvier 2018, disponible sur https://ec.europa.eu/eurostat/tgm/table.do?tab=table&init=1&language=fr&pcode=tps00001&plugin=1.

Afin de limiter les confusions potentielles, la solution théorique la plus simple serait le recours aux néologismes, c'est-à-dire à l'invention d'un mot pour chaque concept spécifique à l'organisation. Telle n'est pas la solution suivie en pratique, le droit de l'Union répugnant généralement à l'emploi de néologismes (même s'il en existe de très célèbres, comme la comitologie par exemple). Le législateur de l'Union use, de préférence, de néologismes imparfaits, aux sons très locaux (autonomie procédurale, acquis communautaire par exemple) ou, encore plus souvent, de mots connus de l'ordre juridique interne (comme ordre public, citoyenneté ou subsidiarité) mais en leur conférant, en droit de l'Union, un sens différent du sens national. Il en résulte de réels risques de confusion, majorés par l'ampleur de la production normative (à la fois dans les États membres et dans l'Union). Le dédale n'est pas (qu')un mythe.

La seconde raison qui concourt à l'opacité du droit n'est pas propre à l'Union européenne ; elle tient au langage juridique lui-même dont on a justement souligné le caractère de « continent à part » (Gaudu, 2010, p. 3). De fait, ce langage est beaucoup plus étendu que les autres langages de spécialité. Le vocabulaire est vaste, les styles discursifs variés (du plus technique au plus lyrique) et la terminologie parfois sibylline (la minute et la grosse, par exemple, n'évoquent pas la même réalité à tout un chacun). Les mots du droit sont, en outre, très souvent polysémiques, ce qui accroit les risques d'équivocité (Mattila, 2012, p. 180-182). Tel est le cas, et on pourrait multiplier les exemples, du mot « intérêt ». L'intérêt à agir n'a rien à voir avec le taux d'intérêt, pas plus qu'avec les dommages-intérêts ou les intérêts minoritaires dans les groupes de sociétés. Les traductions de ces termes, totalement différentes les unes des autres dans les langues officielles de l'Union, le prouvent abondamment[3]. La nécessité de définir les mots en usage, dans l'ordre juridique partagé, n'en est que plus impérieuse. Elle appelle deux remarques liminaires.

D'une part, la définition des définitions est délicate. De nombreuses distinctions ont été proposées, sans qu'aucune ne soit absolument opérationnelle[4]. De fait, tous les procédés définitoires sont utilisés en droit

3 Sur l'ensemble de la question, *Cf. Recherche lexicographique en procédure civile* (E. Jeuland et S. Lalani, éd.), Paris, IRJS, 2017, 296 p. et plus spéc. I. Pingel, V° « Intervention et désintéressée », p. 169.

4 Sur la question, *Cf.* par ex. Cornu, 1981, p. 81 *sqq.*

de l'Union européenne, des définitions conceptuelles à la simple liste, jusqu'à l'évitement pur et simple.

D'autre part, et à la différence des définitions courantes, les définitions juridiques ont souvent une valeur normative, requérant un degré de précision élevé. Elles n'en ont pas moins, et l'articulation peut être délicate, une propension à l'inachèvement, qui permet l'évolution de la matière qu'elles entendent régir, mais peut nuire à la sécurité des relations individuelles ou collectives. Rouage essentiel de l'ordre juridique, elles confèrent à leurs concepteurs un pouvoir central, et partagé en démocratie, d'orientation des comportements (I). Le déploiement de leurs effets suppose, spécialement en droit de l'Union, le partage de leurs traductions dans les langues officielles à défaut duquel toute application uniforme serait impossible (II).

## LE PARTAGE DU POUVOIR DE DÉFINITION

Dans l'Union européenne, comme dans tous les ordres juridiques, les faiseurs de définitions sont multiples : on trouve, en complémentarité ou en concurrence, le législateur et le juge.

### LE LÉGISLATEUR

Détenteur, à titre principal, sinon exclusif, du pouvoir de définition dans l'ordre juridique (Balian, 2014), le législateur de l'Union comprend, au sens large, les États membres et les institutions.

#### *Les États membres*

En tant que négociateurs des traités qui fondent l'organisation ou la réforment, les États membres partagent avec les institutions le pouvoir législatif dans l'Union européenne. S'ils ne l'exercent que sporadiquement, à l'occasion par exemple des adhésions à l'organisation ou de la modification de ses compétences, ce pouvoir est essentiel en tant qu'il informe la structure de l'Union et fixe, à l'image d'une constitution, les règles de base de son fonctionnement auxquelles nulle dérogation n'est autorisée.

Fondement de l'ordre juridique de l'organisation, les traités Union européenne (UE) et Fonctionnement de l'Union européenne (FUE), issus de la révision de Lisbonne de 2007, contiennent, malgré leur importance cardinale, peu de définitions. Le célèbre article 101 TFUE, qui ouvre le chapitre du traité relatif aux règles de concurrence, est exemplaire à cet égard. Cette disposition historique – elle figurait déjà à l'identique dans le traité de Rome en 1959 – interdit les ententes entre entreprises dans l'Union européenne. Il s'agit d'une disposition majeure qui vise à assurer que la concurrence n'est pas faussée dans le marché commun. Pourtant, le texte de l'article 101 ne définit ni le terme entreprise, ni celui d'entente ou de concurrence[5]. De même, et les exemples pourraient être multipliés, l'article 342 TFUE est-il particulièrement laconique. Il se contente de disposer que « le régime linguistique des institutions de l'Union est fixé, sans préjudice des dispositions prévues par le statut de la Cour de justice de l'Union européenne, par le Conseil statuant à l'unanimité par voie de règlements ». Aucune définition n'est donnée toutefois ni du contenu de ce régime, ni des principes sur lesquels il devra être organisé. La matière irrigue pourtant l'organisation dans son ensemble, régissant tous les rapports avec le public, les fonctionnaires et les agents (Pingel, 2015).

Ces lacunes s'expliquent en premier lieu par le fait que les traités constituent du droit négocié ; ils portent donc la marque des compromis auxquels les discussions ont abouti. Il s'agit, en d'autres termes, d'un droit souvent flou, non par défaut, mais par stratégie : sans une certaine brume, pas d'accord (Pic, 2015, p. 32-38). L'absence de définitions dans les traités, et en particulier le TFUE, s'explique, en second lieu, par un champ d'application extrêmement vaste, qui va du droit bancaire à la libre circulation des étudiants, du droit de l'environnement à la libre concurrence. Pour demeurer raisonnablement maniable, le texte, à l'image de tous les traités-cadres, se limite à poser les principes applicables ou les objectifs poursuivis, sans entrer dans le détail des définitions, même lorsqu'elles peuvent paraître indispensables[6]. Cette diminution de la densité normative a pour conséquence une moindre faculté d'orienter les comportements. Il

5 La définition de ces termes, indispensable à la mise en œuvre de la règle de droit, est donc revenue au juge.

6 Sur l'influence de la forme des traités (cadres ou lois) sur le contenu de la règle, voir les propos toujours actuels de P.-H. Teitgen, 1977-1978, p. 328.

en résulte une nécessité de compléter les dispositions des traités, par de la législation dérivée, rôle dévolu aux institutions de l'Union.

*Les institutions*

Dans l'Union européenne, le pouvoir législatif dérivé est partagé entre la Commission (qui dispose du pouvoir d'initiative[7]), le Conseil et le Parlement européen (auxquels les traités confient le pouvoir de décision[8]). Leur stratégie en matière de définition a beaucoup évolué depuis les débuts de la Communauté. On en prendra un exemple, parmi de nombreux autres, concernant la réglementation de l'activité audiovisuelle transfrontière. La première directive adoptée en la matière, dans la dynamique de l'Acte unique européen de 1986, date du 3 octobre 1989[9]. Connue sous le nom de directive « Télévision sans frontières », elle contenait 4 définitions (« radiodiffusion télévisuelle », « publicité télévisuelle », « publicité clandestine », « parrainage »)[10]. Lors d'une première modification du texte, en 1997, le nombre de ces définitions est passé à 6[11]. Il s'élève, depuis une nouvelle révision en 2007, à 14[12]. La progression est, on le voit, continue. Elle témoigne de la défiance que le législateur de l'Union parait désormais vouer aux mots (par contagion du système de common law[13]). Elle restreint, par une conséquence nécessaire, la

---

7 *Cf.* l'art. 17 § 2 TUE.

8 *Cf.* l'art. 14 et 16 TUE.

9 Directive 89/552/CEE du Conseil, du 3 octobre 1989, visant à la coordination de certaines dispositions législatives, réglementaires et administratives des États membres relatives à l'exercice d'activités de radiodiffusion télévisuelle, *JOCE* L 298/23 du 17.10.1989.

10 *Cf.* l'art. 1er a) à d) de la directive.

11 *Cf.* l'art. 1er a) à f) de la directive 97/36/CE du Parlement européen et du Conseil du 30 juin 1997 modifiant la directive 89/552/CEE du Conseil visant à la coordination de certaines dispositions législatives, réglementaires et administratives des États membres relatives à l'exercice d'activités de radiodiffusion télévisuelle, *JOCE* L 202/60 du 30.07.1997.

12 *Cf.* l'art. 1er a) à n) de la directive 2007/65/CE du Parlement européen et du Conseil du 11 décembre 2007 modifiant la directive 89/552/CEE du Conseil visant à la coordination de certaines dispositions législatives, réglementaires et administratives des États membres relatives à l'exercice d'activités de radiodiffusion télévisuelle, *JOUE* L 332/27 du 18.12.2007. Les trois textes des directives sont désormais codifiés, *cf.* la directive 2010/13/UE du Parlement européen et du Conseil du 10 mars 2010 visant à la coordination de certaines dispositions législatives, réglementaires et administratives des États membres relatives à la fourniture de services de médias audiovisuels (directive Services de médias audiovisuels), *JOUE* L 95/1 du 15.4.2010.

13 Sur la propension de la common law à user abondamment d'exemples et de définitions, voir par exemple Harvey, 2005, p. 273.

latitude du juge : plus en effet le législateur, primaire ou dérivé, définit, moins l'interprète dispose de liberté dans la mise en œuvre de la règle de droit. Pour le dire en des termes plus dialectiques, définir, c'est exercer un pouvoir. Symétriquement, lorsque le législateur s'abstient de toute définition, comme c'est souvent le cas dans les traités, le rôle du juge redevient déterminant.

LE JUGE

Depuis la création de l'organisation, le rôle de la Cour de justice est essentiel dans l'interprétation et l'application du droit de l'Union européenne. Il s'explique notamment par l'absence de contre-pouvoir : la Cour de Luxembourg statue en dernier ressort et ses décisions sont définitives[14]. Plusieurs d'entre elles ont joué un rôle décisif dans la construction communautaire, comme la célèbre affaire *Van Gend et Loos* de 1963, dont on a maintes fois souligné l'influence déterminante[15].

Comme le révèle l'examen de sa jurisprudence, la Cour a posé environ 400 définitions majeures pour compléter le droit primaire ou dérivé[16]. Ces définitions ont pour particularité de prétendre à l'exhaustivité et à un usage pérenne (destiné à faire jurisprudence). Leur nombre, conséquent, doit être comparé, pour une mesure complète, aux plus de 20 967 décisions rendues à ce jour par la juridiction[17]. Le rapport des unes aux autres montre que le juge ne définit pas toujours d'une telle manière ; il se contente souvent d'une casuistique prudente, qui autorise des interprétations souples et évolutives. Il n'en reste pas moins qu'en posant ces définitions essentielles, le juge de Luxembourg s'est mu, ainsi que la doctrine l'admet unanimement, en un acteur fondamental de l'Union européenne. Les avis sont plus divergents sur l'appréciation qu'il convient de tirer du pouvoir qu'il exerce ce faisant.

Le juge Tizzano, par exemple, estime que les décisions majeures rendues par la Cour ont renforcé le processus d'intégration, grâce à la consécration de principes structurants de l'ordre juridique

14 Sur ce point, voir classiquement Colin, 1966, p. 36-38.

15 CJ 5 février 1963 *Van Gend et Loos*, 26/62, *Rec.* 3 ; ECLI:EU:C:1963:1. Sur l'impact de la décision, voir not. *Revisiting Van Gend en Loos*, 2014.

16 Sur ce point, voir Maddalon, 2015, p. 214.

17 Sur cette statistique, voir La Cour en chiffres, https://curia.europa.eu/jcms/jcms/P_80908/fr/

communautaire, comme la primauté ou l'effet direct (Tizzano, 2013, p. 227). Elles ont en outre, en œuvrant à l'application effective du droit de l'Union, influé sur le droit des États membres, comme a pu le faire le principe d'autonomie procédurale (Tizzano, 2013, p. 229). D'autres analyses, plus critiques, mettent davantage l'accent sur la stratégie suivie par les juges, lorsqu'ils posent des définitions visant à faire jurisprudence, que sur les conséquences qu'elles engendrent sur le développement de l'organisation. Dans une perspective éclairante, le professeur Philippe Maddalon souligne ainsi la volonté de la juridiction d'affirmer, par ces définitions, sa compétence vis-à-vis du législateur de l'Union, des États membres (et donc des ordres juridiques internes) et de l'ordre juridique international. Il met également l'accent sur la volonté du juge de Luxembourg d'affirmer sa vision de l'Union (Maddalon, 2007, p. 1-54). Le droit de la concurrence en est un bon exemple. L'interprétation qu'en propose la Cour relève d'une perception presque exclusivement marchande, expliquant qu'elle puisse juger, entre autres illustrations, que l'activité d'une communauté religieuse peut être une activité économique, au sens du traité, ou qu'une association sans but lucratif peut être qualifiée d'entreprise (Maddalon, 2007, p. 42-44). Le pouvoir de définir, on le constate une nouvelle fois, c'est bien le pouvoir d'orienter les comportements[18]. Encore faut-il, lorsque ce pouvoir est partagé comme il l'est dans l'Union, savoir où trouver les définitions (traités, droit dérivé, jurisprudence). Encore faut-il également, lorsque les définiteurs sont nombreux, stabiliser la terminologie, et, lorsque les destinataires le sont plus encore, la diffuser à suffisance. Encore faut-il enfin, dans l'Union, pour que le droit s'applique, à la fois traduire et organiser l'accès aux traductions pour s'assurer de l'emploi du mot idoine dans toutes les langues officielles. En d'autres termes, pas d'application du droit de l'Union sans partage des savoirs.

---

18 Pour le dire sous une forme plus militante, "*Only the powerful can define others and can make their definitions stick. By having their definitions accepted they appropriate more power*" (Trömel-Plötz, 1981, p. 76).

## LE PARTAGE DES SAVOIRS

La production normative de l'Union européenne est massive, la jurisprudence de la Cour de justice abondante. Le besoin de cohérence va sans dire. Des efforts ont très tôt été entrepris en ce sens, que l'informatique a facilités, les supports papier ayant progressivement laissé place aux ressources internet.

### HISTORIQUE

Dès 1962, conscient des enjeux linguistiques liés au développement continu du droit de l'organisation, le chef du Bureau de terminologie de la Haute Autorité crée DICAUTOM (pour la normalisation des termes dans la CECA)[19]. Est élaborée en parallèle, à l'initiative du Bureau de terminologie de la Commission, EUROTERM (pour la CEE). En 1968, les deux éléments fusionnent et donnent naissance à EURODICAUTOM (banque terminologique de la Commission). D'autres institutions, en particulier le Conseil et le Parlement européen, développent simultanément leur propre banque de données (TIS et EUTERPE, respectivement). Pour faciliter l'utilisation de ces outils et rationnaliser les ressources, une nouvelle fusion est décidée en 1995. Elle aboutit, en 2004, à la naissance de la base IATE ("Inter-Active Terminology for Europe") et à la réorganisation des différents services de terminologie que compte l'Union. IATE est accessible au public depuis 2007[20].

La base IATE contient 8,4 millions de termes, dont environ 540 000 abréviations et 130 000 expressions, et couvre les 24 langues officielles de l'Union européenne. De nouveaux termes sont ajoutés quotidiennement et le contenu est constamment actualisé. La base couvre 3 grands domaines : juridique, politique et technique[21]. Elle a pour fonction principale le soutien à la rédaction multilingue des textes de droit de l'Union, législatifs en particulier. Elle joue ce faisant, d'une part, un rôle passif, en tant que dépôt des solutions terminologiques ; elle joue, d'autre part, un rôle actif, en tant que source d'autorité, une

19 Sur l'historique, voir Bachrach et Hirschberg.

20 Pour plus de détails, voir Martin et Valdivieso Blanco, 2011.

21 *Cf.* la brochure de l'IATE.

fois les solutions validées, pour éviter la multiplication d'équivalences dans les textes (appelée aussi dispersion terminologique). En pratique, la base se compose de fiches qui, avec plus ou moins de systématisme, fournissent des définitions, des éléments de contexte et des propositions de traduction aux termes recherchés par les utilisateurs.

## FONCTIONNEMENT

La création de la base IATE, et la possibilité offerte au public d'y accéder gratuitement, est une initiative qui doit être saluée. En effet, les ordres juridiques sont des ordres organisés (à l'image des codes à la robuste structure). Pour fonctionner, ils nécessitent une terminologie cohérente, à la fois entre les différentes sources duquel le droit émane, et, dans l'Union, entre les différentes langues officielles. La nécessité va donc sans dire d'un cadre commun de référence et l'utilité de la base IATE n'est pas douteuse. Toutefois, son utilisation n'est pas exempte de difficultés. On en signalera deux.

La première tient à l'asymétrie du contenu des fiches existant dans la base. Alors que l'Union compte 24 langues officielles, toutes en situation d'égalité théorique[22], les traductions se font très majoritairement (voire de manière écrasante dans certains cas) vers l'anglais. C'est ainsi par exemple qu'au terme « époux », introduit au français dans le moteur de recherche et couplé au domaine « droit », correspondent 34 entrées en anglais (avec leur traduction possible accompagnées du contexte) pour seulement 1 en roumain ou 1 en letton. Il en va de même pour le mot « fraude », 84 entrées en anglais contre 18 en bulgare et, plus encore, pour le mot « société » : 354 entrées en anglais contre 18 en maltais ou 21 en slovène. Le déséquilibre se passe de commentaire. Il est à l'image, regrettable, de celui qui vaut dans l'Union en général et auquel le Brexit devrait fournir l'occasion de réfléchir. La question se pose en effet de savoir si le règne sans partage de l'anglais demeure acceptable dans une Union où, après le départ du Royaume-Uni, l'organisation comptera moins d'1 % de locuteurs natifs. Certes, une telle donnée n'est pas la seule pertinente, mais les faits (et les chiffres) n'en sont pas moins têtus (Pingel, 2017a, p. 658-660).

La seconde difficulté que pose la base IATE est son maniement parfois malaisé.

---

22 *Cf.* l'art. 1er du règlement 1/58 du Conseil, du 23 avril 1958, préc. n° 1.

Certaines recherches aboutissent à des résultats si pléthoriques qu'ils en perdent une partie de leur utilité. Introduit en français dans la base, le mot « cause » affiche 596 entrées en anglais, dont 276 pour le seul domaine juridique. Il en va de même, dans une moindre mesure, pour le mot « représentation » (361 entrées, dont 75 en droit). Le trop est l'ennemi du bien.

D'autres recherches aboutissent, inversement, à des résultats anémiques. Tel est le cas en particulier pour ce qu'il est convenu d'appeler le vocabulaire de soutien. Peu présent dans la base, comme il est d'ailleurs peu présent dans les dictionnaires et lexiques juridiques, ce type de vocabulaire est pourtant essentiel à la fois pour comprendre et pour traduire. Il structure en effet tous les discours, y compris juridiques[23]. On en prendra, parmi d'autres, un exemple tiré du droit du contentieux et concernant plus particulièrement l'adjectif « désintéressé ».

L'intervention, qui autorise un tiers à prendre part à un litige pendant, est prévue, en droit de l'Union, à l'article 40 du Statut de la Cour (Pingel, 2015a, p. 225-228). Elle ne peut être qu'accessoire (et non principale, comme en droit français, par exemple). Il en résulte que l'intervenant ne saurait, dans une procédure en cours, faire valoir une cause distincte de celle du requérant au principal. Pour autant, l'intervention n'est *pas désintéressée*, puisqu'elle a pour objet de sauvegarder les droits du tiers qui pourraient être compromis si le plaideur dont il a décidé de soutenir la cause était condamné ou débouté[24]. On devra savoir ici, pour rendre le mot « désintéressé » dans une autre langue, que l'adjectif n'est pas utilisé au sens juridique (désintéresser un créancier), mais au sens général, lui-même polysémique ; il est en outre à la forme négative (l'intervention n'est *pas* désintéressée). Aucune des 4 entrées fournies par la base IATE ne correspond à l'occurrence recherchée, obligeant l'interprète ou le traducteur à d'autres investigations[25].

Sans doute imparfaite encore, dans l'état actuel de son développement, la base IATE n'en constitue pas moins un pas important vers la cohérence terminologique au sein d'une Union forte de 28 États membres.

23 La nomenclature ne peut en effet se passer de discours (et donc de vocabulaire de soutien) pour être opérante. Sur ce point, voir Darbelnet, 1979, p. 26.

24 L'intervenant ne se confond donc pas avec un amicus curiae et ne saurait être traduit ainsi.

25 Sur ce point, et les traductions possibles de l'adjectif « désintéressé » dans ce contexte, voir Pingel, 2017b, p. 170-171.

Outil de partage des connaissances, elle fournit une aide également indispensable, dans une organisation qui compte 24 langues officielles, à la rédaction multilingue de textes qui régissent le quotidien de millions de citoyens. Sans définitions, pas de droit, sans traductions, pas d'Union.

Isabelle PINGEL
Université Paris 1
Panthéon-Sorbonne
France

# LA TRADUCTION EN TURC DES CONCEPTS AUTONOMES DE LA CONVENTION EUROPÉENNE DES DROITS DE L'HOMME

## INTRODUCTION

Le sujet des droits de l'homme occupe une place importante pour la Turquie en tant que pays candidat à l'Union européenne. La Turquie s'efforce de réaliser des réformes juridiques afin de se mettre en conformité avec la Convention européenne des droits de l'homme et la jurisprudence de la Cour européenne des droits de l'homme. Bien que ces travaux d'amélioration des droits de l'homme soient poursuivis, la Turquie continue de faire l'objet de critiques dans ce domaine, plus particulièrement dans l'application de certains articles de la Convention européenne de droits de l'homme. Dans ce chapitre, en nous appuyant sur la traduction en turc de la « détention », terme clé de l'article 5, « Droit à la liberté et à la sûreté », de la Convention européenne des droits de l'homme, nous allons poser la question de savoir si les problèmes vécus dans l'application de cette Convention en Turquie peuvent être liés au moins en partie à la question de terminologie juridique, et surtout à la traduction des concepts autonomes.

Nous allons examiner la traduction et l'implantation en turc du concept de « détention », qui est le terme clé de l'article 5, retenu par rapport à son caractère flou, autonome et aux dynamiques socio-politiques de la Turquie. Cette unité lexicale sera analysée, premièrement, dans l'une des langues officielles de la Convention, qui est le français dans un corpus de la jurisprudence de la Cour européenne des droits de l'homme composé des arrêts relatifs à l'article 5 et, deuxièmement, dans un corpus en turc contenant les traductions de ces mêmes arrêts. Par une analyse contextuelle lexico-sémantique menée au sein de ces corpus, nous envisageons de mettre en lumière les distinctions sémantiques que ces unités lexicales possèdent. La terminologie peut-elle apporter des éclaircissements dans le processus de la traduction des concepts autonomes ? Et quelle sera la contribution de la détermination des distinctions sémantiques des unités lexicales, réalisées à l'aide d'une analyse contextuelle lexico-sémantique ?

## DROITS DE L'HOMME EUROPÉEN EN TURQUIE

La Turquie a signé la Convention européenne des droits de l'homme le 4 novembre 1950 et l'a ratifiée le 10 mars 1954. Le document de ratification de la Convention a été déposé au Secrétariat Général du Conseil de l'Europe le 18 mai 1954 et, à partir de cette date, elle est entrée en vigueur en Turquie. La Convention européenne fait partie du droit national turc ; elle a force de loi. Elle est appliquée directement dans le droit national turc (Gözübüyük et Gölcüklü, 2007, p. 21). D'autre part, la Convention organise un contrôle juridictionnel de l'application de ses dispositions. Le Protocole 11 de cette Convention, entré en vigueur le 1er novembre 1998, porte une restructuration du mécanisme de contrôle établi par la Convention et institue une Cour européenne des droits de l'homme dénommée « la Cour » (Sudre, 2006, p. 587).

Les langues officielles de la Convention européenne des droits de l'homme sont l'anglais et le français. Les États membres de la Convention transfèrent ces textes dans leurs langues via la traduction. La traduction de la Convention est obligatoire et nécessaire pour que les droits mentionnés dans la Convention se transposent dans le droit des États membres. Une fois qu'un État ratifie la Convention et ses protocoles, il doit les traduire dans sa langue et les publier dans le *Journal Officiel*. Ces traductions nationales officielles sont des textes qui sont en vigueur dans le système judiciaire national. La traduction officielle de la Convention en turc est publiée dans le *Journal Officiel* du 19 mars 1954, numéro 8662.

La Convention est un document qui évolue surtout grâce à l'interprétation de ses dispositions par la Cour européenne des droits de l'homme. Les langues officielles de la jurisprudence de la Cour européenne des droits de l'homme sont à part égale l'anglais et le français. Il n'est pas obligatoire de faire une traduction officielle de la jurisprudence de la Cour dans les langues des États contractants, mais ces traductions sont nécessaires pour que les autorités judiciaires nationales prennent en compte les décisions de la Cour pour éviter toute violation de la Convention. En vue de l'application effective de la Convention européenne des droits de l'homme, la traduction de la jurisprudence de la Cour est une étape essentielle afin que chacun puisse comprendre les concepts et le fonctionnement de la Convention (Kurmel, 2014, p. 37).

## CONCEPTS DES DROITS DE L'HOMME EUROPÉEN

Pour que les États s'accordent sur la Convention européenne des droits de l'homme, le Conseil préfère l'emploi de concepts ayant des contenus un peu flous (Gözübüyük et Gölcüklü, 2007, p. 138). Au lieu de forcer les États à signer des documents qu'ils ne peuvent ou ne veulent pas respecter, on préfère utiliser des concepts flous afin de laisser aux signataires la possibilité de montrer divers degrés d'implication en matière des droits de l'homme (Garre, 1999, p. 196). Ces concepts flous laissent aussi, à la jurisprudence de la Cour européenne des droits de l'homme, une certaine liberté d'interprétation d'après les circonstances de l'époque considérée (Gözübüyük et Gölcüklü, 2007, p. 138).

Ces concepts flous ont un aspect évolutif et dynamique. Il existe des concepts qui prennent une certaine signification aujourd'hui et une autre demain, et on ne finit pas de découvrir de nouveaux détails et de nouvelles intentions. Dans les droits de l'homme européen, l'interprétation dynamique est une méthode répandue qui reflète la pratique de la Cour européenne des droits de l'homme. D'ailleurs, la Cour a précisé que la Convention est un instrument visant à interpréter à la lumière des conditions de vie actuelles le procès Tyrer[1] (Mowbray, 2005, p. 61).

1 A 26 (1978) : (1979-1980) 2 EHRR 1.

Conséquence de l'interprétation dynamique et évolutive, la doctrine des concepts autonomes est née. La prise en compte des concepts autonomes assure l'indispensable uniformité de la Convention :

> Confrontée à des notions au caractère vague ou indéterminé, revêtant des significations différentes selon les législations nationales, la Cour va détacher ces notions de leur contexte juridique national et les doter d'un sens « européen ». (Sudre, 2006, p. 234).

La Cour sépare certains concepts de leur définition nationale afin de leur donner un sens « européen » (Favoreu *et al.*, 2007, p. 383). Les concepts de la Convention et les concepts d'un droit national peuvent être homographes sans qu'ils en soient synonymiques pour autant (Gözübüyük et Gölcüklü, 2007, p. 142). Frédéric Sudre énumère les concepts formellement qualifiés d'autonomes par la Cour : *arrestation, droits et obligations de caractère civil, matière pénale, témoins, accusation, peine, biens.* D'autres concepts sont présentés comme autonomes dans la doctrine : *aliéné, autorité judicaire, condamnation, contestation, correspondance, détention, domicile, loi, magistrat, partie lésée, privation de liberté, tribunal, vagabond, victime, vie familiale* (Sudre, 1998, p. 96-98).

## APPORT TERMINOLOGIQUE

Les spécialistes de la traduction juridique mettent l'accent sur le fait que le traducteur juridique doit se focaliser sur la fonction juridique, sur l'effet juridique du texte (Gémar, 1995 ; Šarčevic, 1997 ; 2000 ; Garre, 1999). Dans le cas des droits de l'homme, comme nous l'avons souligné, les concepts comportent des spécificités qui doivent être rendues dans les langues des États contractants afin de créer le même effet juridique que les textes officiels possèdent.

Donc, dans la traduction des droits de l'homme européen, la transposition des concepts ayant des caractéristiques relatives à ce domaine mérite une réflexion ; la terminologie, sans avoir une réponse toute faite aux problèmes de traduction des concepts bien spécifiques, offre néanmoins une méthodologie qui peut être exploitée par des traducteurs juridiques (Kurmel, 2014, p. 43). Il s'avère que la question des droits de l'homme en turc ne peut être étudiée de manière satisfaisante qu'en conjuguant traduction et terminologie. Avec l'apport d'une approche terminologique dans ce domaine, une collaboration de la terminologie et de la traduction considérée longtemps comme une complémentarité oubliée (Humbley, 2011) sera remise en scène.

Les théories nouvelles de la terminologie ont tendance à examiner les termes (dénommés dorénavant *unités lexicales spécialisées* ou *unités de compréhension* dans le cadre de ces nouvelles théories) dans leur environnement discursif. La notion de variation terminologique, contrairement à la bi-univocité, est traitée au sein de ces nouvelles approches puisque les termes sont examinés dans leur utilisation effective. Les termes dans notre domaine prennent leur sens dans la jurisprudence de la Cour européenne des droits de l'homme puisque la Cour les interprète dans différents contextes. Donc nous sommes face à des termes qui prennent leur sens dans leur contexte, c'est-à-dire des termes « dépendants du contexte » et qui peuvent être décrits selon leur fonction dans le texte (L'Homme *et al*, 2003, p. 153). Notre recherche peut se fonder sur l'approche lexico-sémantique en terminologie (L'Homme, 2002 ; 2004 ; 2007 ; 2012), qui définit le sens d'une unité lexicale en observant l'ensemble de ses interactions avec d'autres unités linguistiques (L'Homme, 2004, p. 34). Cette approche permet de faire des distinctions sémantiques par le biais de l'étude des relations que les unités lexicales établissent.

## CORPUS ÉTUDIÉ : ARTICLE 5 DE LA CONVENTION EUROPÉENNE DES DROITS DE L'HOMME

Avant de mener notre analyse contextuelle dans des corpus de jurisprudence, nous envisageons de définir brièvement l'article 5 de la Convention européenne des droits de l'homme sur lequel nous nous focalisons dans cette étude. L'article 5 de la Convention « Droit à la liberté et à la sûreté » vise « à protéger la liberté physique de la personne contre toute arrestation et détention arbitraire et abusive » (Engel *et al.* c. Pays-Bas, 8 juin 1976, *GACEDH*, n° 4, § 58) (Sudre, 2006, p. 317). Il débute avec une affirmation inconditionnelle, « toute personne a droit à la liberté et à la sûreté », et il continue avec une proposition restrictive qui énonce les privations de liberté autorisées (Macovei, 2003, p. 8). Les alinéas 2, 3, 4 et 5 de cet article établissent les droits accordés aux personnes privées de liberté.

Il est évident de souligner pourquoi nous avons choisi de focaliser notre recherche sur l'article 5. Premièrement, c'est un article charnière de la Convention dans son ensemble et un article très discuté en Turquie sur le plan socio-politique, et en plus la Turquie a été condamnée plusieurs fois pour la violation de cet article par la Cour[2]. D'autre part, parmi les termes principaux de l'article 5, « détention » est présentée comme autonome dans la doctrine et « arrestation » est qualifiée par la Cour comme autonome (Sudre, 1998, p. 96-98).

Avec une analyse contextuelle menée au sein des corpus de jurisprudence en se basant sur l'approche lexico-sémantique, nous allons observer les relations lexico-sémantiques que la « détention » et ses équivalents en turc établissent. Nous privilégions ici les relations lexico-sémantiques, actancielles et circonstancielles de lieu qui ont une place essentielle dans la valeur sémantique du terme étudié.

Puisque les termes de la Convention sont interprétés dans la jurisprudence de la Cour européenne des droits de l'homme, la construction et l'exploitation d'un corpus de jurisprudence de la Cour est nécessaire afin de connaître l'emploi réel des termes de la Convention. Pour créer le corpus en français, nous utilisons la base de données HUDOC, portail de recherche de la Cour européenne des droits de l'homme, qui permet d'accéder à la jurisprudence de la Cour. Pour que nous puissions mener à bien une analyse contextuelle comparable entre le français et le turc au niveau du terme clé de l'article, « détention » et ses équivalents en turc, nous envisageons de créer un corpus de jurisprudence en turc qui contient les mêmes textes que le corpus de jurisprudence en français. Dans la construction d'un tel corpus en turc, nous constatons qu'une

2 L'article 6 « Droit à un procès équitable », l'article 1 du Protocole 1 « Protection de la propriété » et l'article 5 « Droit à la liberté et à la sûreté » font référence aux droits les plus fréquemment violés par la Turquie (« Aperçu1959-2016, CEDH », publié sur la page web http://www.echr.coe.int/Documents/Overview_19592016_FRA.pdf).

base de données exhaustive n'existe pas en turc dans le domaine des droits de l'homme. Nous ne pouvons pas parler d'une traduction officielle en turc pour la jurisprudence de la Cour, comme il ne s'agit pas d'une obligation de faire une traduction officielle de la jurisprudence. En Turquie, le Ministère de la justice réalise des travaux de traduction de la jurisprudence et une initiative non-officielle, « Projet des droits de l'homme – la jurisprudence de la Cour européenne des droits de l'homme », dirigée par le juriste spécialisé dans le domaine des droits de l'homme, Osman Doğru, nous donne l'occasion d'accéder à un nombre important de traductions en turc de la jurisprudence. Nous collectons le corpus en turc à partir des traductions du Ministère de la justice et du Projet des droits de l'homme. Au total, nous avons 74 arrêts, qui datent de 1961 à 2008, concernant l'article 5 traduit en turc, et la taille de ce corpus est de 392 281 mots[3]. Nous menons notre recherche dans le cadre de ces 74 arrêts qui existent en turc et en français. Pour mener notre analyse contextuelle, nous employons le concordancier AntConc qui est un logiciel libre[4] et qui permet de visualiser les termes en contexte, mais également de construire des expressions régulières très fines pour affiner les recherches, de calculer les cooccurrences, etc. (Kurmel, 2017, p. 34-35)

## ANALYSE CONTEXTUELLE DANS LE CORPUS

Avec notre analyse contextuelle basée sur l'approche lexico-sémantique, nous constatons que la « détention » est utilisée en codistribution avec différents types d'actants et au sein de différents types de lieux, c'est-à-dire dans différentes dimensions en français, qui est une des langues officielles.

Au niveau des patients, c'est-à-dire au niveau des actants qui subissent une action de « détention », nous observons trois dimensions :

---

3 Ce corpus est collecté et exploité dans le cadre de la thèse de doctorat (non publiée) (Kurmel, 2014).

4 Le concordancier développé par L. Anthony (2005) est disponible à l'adresse : http://www.antlab.sci.waseda.ac.jp/software.html.

- *suspect* qui englobe toute personne soupçonnée d'une infraction ;
- *malade* qui couvre des aliénés, des personnes susceptibles de propager une maladie contagieuse, des toxicomanes, des alcooliques ;
- *condamné* qui est le terme utilisé pour désigner l'actant détenu après condamnation.

Nous pouvons parler de deux dimensions par rapport aux agents de « détention » :

- *détention* réalisée par des personnes ou organismes qui ont un caractère judiciaire comme juge, tribunal, etc. ;
- *détention* réalisée par des personnes ou organismes non-judiciaire comme gendarmerie, supérieur militaire, ministre d'État, etc.

La relation circonstancielle de lieu révèle que les lieux de la « détention » ont un caractère hétérogène lié au motif et au patient de la détention. Nous observons deux dimensions générales telles que :

- *prison* qui recouvre cellule, maison d'arrêt et des types de prisons ;
- *hôpital* qui regroupe hôpital psychiatrique et d'autres types d'hôpitaux.

Les actants et les lieux de ce terme de la langue officielle ont un caractère hétérogène. Il convient de souligner aussi que ce terme de la langue officielle n'a pas un caractère précis : « détention » trouve son sens en contexte et par rapport aux relations lexico-sémantiques qu'il établit avec d'autres éléments lexicaux. Afin d'examiner le transfert en turc de ce terme français qui est multidimensionnel et qui a un caractère non précis, nous analysons les mêmes relations lexico-sémantiques au niveau des variations terminologiques en turc du terme « détention ». Nous constatons l'emploi de variations terminologiques du terme « détention » en turc dans de nombreuses occurrences telles que : *tutma* [détention] (628 occurrences), *tutulma* [détention à la forme passive] (542 occurrences), *tutuklanma* [détention à la forme passive] (103 occurrences), *tutuklama* [détention] (96 occurrences), *gözaltında tutulma* [détention en garde à vue à la forme passive] (75 occurrences), *gözaltında tutma* [détention en garde à vue] (71 occurrences), *hapsedilme* [emprisonnement] (58 occurrences).

Dans le corpus de jurisprudence en turc, nous analysons le transfert du caractère multidimensionnel de « détention » dans la langue turque grâce aux relations lexico-sémantiques que les termes en turc établissent avec d'autres unités. La variante terminologique *tutma* et sa forme passive *tutulma* sont employées comme le terme « détention », c'est-à-dire dans les différentes dimensions que nous avons généralisées au sein du terme « détention » au niveau d'actants et de lieux.

*Tutuklama*, ainsi que sa forme passive *tutuklanma*, est le terme utilisé en droit interne turc, c'est-à-dire dans la Constitution et dans le code de procédure pénale turc : en droit interne, *tutuklama* fait appel à une décision judiciaire. On constate dans notre corpus que ce terme est en relation avec des agents ayant un caractère judiciaire ; on est proche d'une contradiction au principe de l'autonomie soulignée par la Cour.

*Gözaltında tutma* et *gözaltında tutulma* possèdent des agents comme *polis* (police), *jandarma* (gendarme), *güvenlik güçleri* (forces de sécurité) qui ont un caractère non-judiciaire. En outre, les termes en question établissent une relation de lieu avec des lieux tels que *karakol* (commissariat), *polis* (police) ; dans ces cas, ces termes sont employés comme équivalent de « garde à vue ».

*Hapsedilme* est utilisé dans le cadre de l'alinéa 1(a) de l'article 5 pour la « détention » d'un condamné par un tribunal compétent. D'autre part, lorsqu'il s'agit de la « détention » d'un militaire par un supérieur militaire dans un local, nous constatons qu'on utilise aussi le terme de *hapsedilme*. Donc, le terme est employé avec les actants tels que *militaire* et *supérieur militaire*, et les actants tels que *condamné* et *tribunal compétent* et les lieux de *hapsedilme* changent d'après ces actants.

Les variations terminologiques employées en turc pour le terme de « détention » ont été distribuées systématiquement par rapport aux éléments qui établissent une relation sémantique. Toutefois, le concept de « détention », qui a un caractère imprécis en français, perd cette caractéristique en turc puisque le cadre sémantique des variations terminologiques en turc, à part l'équivalent *tutma*, est limité par rapport aux actants qui entrent en relation.

## CONCLUSIONS ET PERSPECTIVES

Pour conclure, nous pouvons dire que l'approche terminologique que nous avons adoptée peut apporter des éclaircissements dans le processus de la traduction des concepts autonomes. L'analyse contextuelle menée au sein de notre corpus en se basant sur l'approche lexico-sémantique met en lumière les distinctions sémantiques que les unités lexicales, « détention » et ses équivalents en turc, possèdent. Cette étude nous montre que l'emploi des différents termes en turc par rapport aux différentes dimensions du concept de « détention » ayant un caractère multidimensionnel, c'est-à-dire qui établit des relations lexico-sémantiques avec différents types d'actants, s'éloigne de la fonction juridique de la Convention, parce que le choix terminologique d'après la dimension apporte beaucoup plus de précision sur le concept et gomme le caractère imprécis que la Convention possède en vue d'englober différents contextes.

Il est possible de dire que la détermination des relations lexico-sémantiques est essentielle pour les termes du domaine des droits de l'homme européen afin de mettre en évidence leur valeur sémantique. Pour cette raison, un modèle qui permet l'intégration des relations lexico-sémantiques que les termes du domaine établissent dans les outils de référence terminologiques est nécessaire. À cette étape, notre étude ouvre des pistes de recherches à explorer. Premièrement, il est primordial de tester notre méthode sur d'autres concepts multidimensionnels du domaine afin de voir si la distinction sémantique est toujours possible à l'aide des relations lexico-sémantiques. Deuxièmement, si la distinction sémantique est bien possible pour différents concepts multidimensionnels avec une étude des relations lexico-sémantiques, la systématisation des relations lexico-sémantiques est fondamentale en vue de créer des outils de références terminologiques qui explicitent les affinités sémantiques des termes du domaine.

Enfin, est-ce que la traduction en turc des concepts autonomes influe sur l'application de la Convention européenne des droits de l'homme ? Le transfert de la « détention », ayant un caractère multidimensionnel et englobant dans la langue officielle, mais en turc d'une façon plus précise avec différentes unités lexicales pour chaque différente dimension, peut-il être la cause des condamnations de la Cour pour la violation de l'article 5 ? Un travail mené seulement au niveau linguistique ne peut pas répondre à cette question. Un travail interdisciplinaire dans lequel des juristes, des linguistes, des terminologues et des traducteurs prennent une place, peut proposer des méthodes pour produire des textes ayant le même effet juridique que les langues officielles possèdent.

Deniz KURMEL
Université Technique de Yildiz
Turquie

# ASPECTS PERLOCUTOIRES, DISCURSIFS ET TRADUCTIONNELS DANS LA TERMINOLOGIE DE LA BCE

## Un regard croisé franco-italien

### INTRODUCTION

La Banque centrale européenne (désormais désignée sous le sigle BCE), dans le sillage de la tradition de la Réserve fédérale américaine (désormais désignée sous l'acronyme FED), a adopté depuis 2013 une nouvelle stratégie de communication à l'égard des marchés financiers. Émanant du président Bernake, ancien président de la FED, le nouveau paradigme de communication adopté par Draghi, dénommé *Forward Guidance* (désormais désigné sous l'acronyme FG), est fondé sur la communication systématique de données prospectives concernant l'orientation future de la BCE en matière monétaire. Parmi les mesures de politique monétaire qui sont l'objet de communication régulière figure le *Quantitative Easing* (désormais désigné sous l'acronyme QE), une mesure non conventionnelle visant à stabiliser vers le bas les taux d'intérêt à long terme, plus connue du grand public à cause de ses retentissements dans les médias.

Nous adopterons ici une approche descriptive et interdisciplinaire, fondée sur les apports de la linguistique et sur l'exploration systématique, quantitative et qualitative de sous-corpus de documents institutionnels, notamment les Déclarations introductives aux Conférences de presse des présidents Trichet et Draghi, et de presse généraliste et spécialisée. Après un court survol des caractéristiques de la communication financière de type institutionnel, nous essaierons de mesurer le degré d'opacité ou de transparence des syntagmes FG et QE à l'aulne des dispositifs de reformulation qui les accompagnent (présence de l'équivalent paraphrastique ou de celui institutionnel émanant des documents officiels de la BCE et d'EUR-Lex, ou de l'emprunt intégral). Le processus de métaphorisation engendré par les deux syntagmes sera brièvement analysé dans une optique franco-italienne.

## LES ASPECTS SÉMANTIQUES ET TERMINOLOGIQUES DE *FORWARD GUIDANCE* ET DE *QUANTITATIVE EASING*
## à l'épreuve des Déclarations introductives des présidents Trichet et Draghi

La stratégie de FG et le programme de QE représentent la charpente d'un nouveau paradigme de communication institutionnelle de la BCE qui possède sa propre langue et sa propre grammaire et qui incarne une vision spécifique en matière de politique monétaire.

Or, une communication qui, depuis 2013, consiste à transmettre « des indications avancées sur l'orientation future de la politique monétaire (forward guidance) » (Cœuré, 2015), constitue une innovation majeure. Pour les opérateurs économiques, il ne s'agira plus d'interpréter le ton de la voix du président en charge pour deviner sa prochaine décision en matière de taux d'intérêt. Que l'on songe au jargon dénommé "*Green Speak*" introduit par l'ancien président de la FED, Greenspan, un jargon délibérément abscons afin d'éviter la surchauffe des marchés financiers. Donc, les mots comptent car, comme l'écrit Sorrentino, "*Non basta un prezzo per comunicare [...] ma occorrono anche le parole*" (2013)[1].

L'autre outil clé de cette nouvelle politique est le terme anglais QE qui, d'après le site de Banque de France, « signifie "assouplissement quantitatif" et désigne un instrument spécifique dont disposent les banques centrales pour influencer le coût du crédit et agir ainsi sur l'inflation et la croissance ». À travers le QE, dont l'origine terminologique est assez

1 « Afficher un prix n'est pas communiquer [...] il faut également des mots » [Notre traduction].

controversée[2], les banques centrales « achètent massivement des actifs aux banques. Les banques commerciales sont ainsi incitées à prêter aux entreprises et aux particuliers ».

Nous allons maintenant approfondir les aspects sémantiques et terminologiques de ces deux mesures en nous basant sur les Déclarations introductives des deux présidents Trichet et Draghi, un type de texte qui se situe au croisement du discours spécialisé de l'économie et de la finance, et du discours institutionnel[3].

Nous commencerons notre analyse par le syntagme FG dont les occurrences sont au nombre de 165, la date du 5 décembre 2013 marquant la première apparition du terme[4]. Draghi manifeste constamment une prudence avisée dans l'usage des mots : quand, lors de la Conférence du 2 août 2012, le journaliste semble donner pour acquis la mise en œuvre de cette politique, Draghi lui fait remarquer que "*The Governing Council [...] may undertake outright open market operations of a size adequate to reach its objective*"[5], soulignant avec force la possibilité, non pas l'obligation, de procéder dans cette direction. Le 5 septembre 2013, Draghi définit la politique de FG comme "*[...] an assessment by a central bank of its view of the future and contains information about its policy response for the future*"[6].

L'accent sur le futur est un aspect très significatif car il traduit les effets perlocutoires de la politique de Draghi, à savoir les effets que ce dernier vise à produire sur le comportement des acteurs économiques, par l'annonce de la politique monétaire future de la BCE. Les similitudes entre FG et QE sont nombreuses : d'un côté, la stratégie de FG peut être considérée

2 *Cf.* à ce propos la reconstruction faite par le site Business Insider.

3 Le sous-corpus « Déclarations introductives » réunit les Déclarations introductives de Trichet et de Draghi lors de leurs conférences de presse mensuelles sur une période qui s'étend du 15 janvier 2009 au 8 juin 2017, avec une cadence de 12 Conférences de presse par an. Les Déclarations Introductives de Trichet et de Draghi, ainsi que les séances de Questions-Réponses, sont disponibles sur le site de la BCE.

4 L'analyse des collocatifs à travers la fonction T-Score du logiciel AntConc, qui mesure la force d'attraction d'un terme à l'égard de ses collocatifs, s'avère parlante. FG est précisé plus fréquemment par "*line*", "*decided*", "*keep*", "*key*", "*ECB*", "*within*" et "*interest*". Ces collocatifs révèlent en filigrane le leitmotiv le plus récurrent de la ligne politique de Draghi, à savoir la décision de la BCE de maintenir les taux directeurs ("*key rates*") en ligne ("*line*") avec les décisions prises antérieurement ou avec les objectifs primaires de la Banque et aussi dans le cadre ("*within*") de la stratégie de FG.

5 « Le Conseil des gouverneurs [...] peut effectuer des opérations fermes d'*open market* d'une envergure suffisante pour atteindre son objectif » [Notre traduction].

6 [...] une évaluation de la part de la Banque centrale de sa vision du futur et contient des informations quant à sa réponse politique pour l'avenir » [Notre traduction].

comme un hyperonyme élargi de QE car elle constitue le cadre institutionnel dans lequel s'insèrent les annonces en matière de taux directeurs et de QE. De l'autre côté, les deux outils peuvent être catalogués parmi les stratégies dites de *"signalling"* ou de communication implicite (Brealey *et al.*, 1977). C'est Draghi lui-même qui réaffirme le 4 décembre 2014 que parmi les effets figure *"[…] signalling, certainly"*[7] car ce dernier montre *"[…] the commitment of the central bank to keep interest rate slow for a protracted period of time, and forward guidance in place for a protracted period of time"*[8].

Venons-en maintenant à l'analyse du syntagme QE, dont les occurrences totales sont au nombre de 60 et dont la date du 2 mars 2006 marque la première apparition du terme. Les premiers résultats de notre exploration montrent que le syntagme QE, contrairement à celui de FG, n'est jamais avancé en premier par le président en charge mais, au contraire, fait toujours partie de la formulation de la question de la part du journaliste lors des séances de Questions-Réponses. Trichet n'utilise ce syntagme qu'à cinq reprises, son objectif étant celui d'étayer, du point de vue sémantique et terminologique, les différences entre le QE et les opérations menées par la BCE[9]. Suite à l'insistance du journaliste, Trichet déclare le 4 juin 2009 que *"[W]e are not at all embarking on 'quantitative easing' with these decisions"*[10]. Le 8 décembre 2011, date de la première Déclaration introductive de Draghi, est l'occasion pour celui-ci de préciser que chaque banque centrale *"has its institutional set-up"*[11] et que la BCE opère *"within the limits of its Treaty"*[12], le mandat primaire de la FED et de la Banque d'Angleterre différant amplement de celui de la BCE, qui est celui de la stabilité des prix. Le 4 septembre 2014, Draghi insiste sur les différences avec le QE : si le QE est un *"outright purchase of assets"*[13], les

---

7 « les stratégies dites de "signalling", certainement » [Notre traduction].

8 « […] l'engagement de la part d'une banque centrale à maintenir les taux à un bas niveau durant une période prolongée et à maintenir en vigueur une politique de *forward guidance* durant une période prolongée » [Notre traduction].

9 L'analyse T-Score indique que QE est précisé plus fréquemment par les collocatifs *"would"*, *"program"*, *"rates"*, *"tailor"*. Ces derniers annoncent déjà la couleur : *"program"*, collocatif à gauche, sert à introduire le terme tandis que le bas niveau des taux d'intérêt (*"rates"*) est l'objectif primaire de la politique d'annonces de la BCE, une politique qui se veut taillée sur mesure (*"tailor"*) aux besoins de l'Europe.

10 « [A]vec ces décisions nous ne sommes nullement en train de nous lancer dans une opération de *"quantitative easing"* » [Notre traduction].

11 « possède sa propre structure institutionnelle » [Notre traduction].

12 « dans les limites du Traité » [Notre traduction].

13 « rachat ferme d'actifs » [Notre traduction].

mesures mises en œuvre par la BCE sont principalement orientées vers le "*credit easing*"[14]. Cette précision se révèle particulièrement importante car elle souligne la différente stratégie en matière de politique monétaire que les deux institutions, BCE et FED, poursuivent respectivement[15]. Le 8 décembre 2016 est le jour de l'annonce du rythme mensuel des programmes d'achats d'actifs. Le 6 février 2014, suite à une question concernant la légalité du QE, Draghi répond de façon claire que "*[t]here is no issue of legality. And at the same time the Treaty forbids monetary financing*"[16].

Pressés par les questions des journalistes sur le possible lancement d'un programme de QE, les deux présidents évitent avec soin de le nommer explicitement, déjouant ainsi les possibles suppositions de leurs détracteurs selon lesquelles la BCE agirait à l'instar des États-Unis ou du Japon. L'attention aux mots est patente. Reste maintenant à voir comment les deux notions de FG et QE sont liées et s'expriment dans le discours de presse généraliste et spécialisée.

## VARIATION ET ESCORTE MÉTALINGUISTIQUE À L'ÉPREUVE DES SOUS-CORPUS DE PRESSE GÉNÉRALISTE ET SPÉCIALISÉE

Cette partie se focalisera sur la façon dont les deux concepts de FG et de QE sont présentés aux lectorats italien et français, et plus

14 « assouplissement du crédit » [Notre traduction].

15 D'après l'analyse proposée par le site de Borsa Italiana que nous synthétisons ici, ce sont bien les statuts de la BCE qui représentent une ligne de démarcation nette par rapport à ceux de son homologue américain. En premier lieu, si la mission principale de la première est la stabilité des prix, suivie par une politique de soutien à la croissance finalisée au plein emploi, la mission de la deuxième est au contraire un taux d'emploi maximum, suivi par la stabilité des prix et une politique de taux d'intérêt modérés. En second lieu, si d'un côté les deux banques ont lancé chacune des mesures non conventionnelles, de l'autre côté la FED aurait lié ses achats d'actifs à la situation du marché du travail tandis que la BCE les aurait liés à des variables d'ordre politique.

16 « [i]l n'est nullement question de légalité. Et en même temps le Traité interdit le financement monétaire » [Notre traduction]. Il s'agit d'un aspect d'actualité : le 15 août 2017, la Cour constitutionnelle allemande de Karlsruhe a demandé à la Cour de justice européenne de se prononcer sur la légitimité du QE car, d'après les juges allemands, ce dernier constituerait un financement direct aux États et dépasserait ainsi les limites du mandat de la BCE.

particulièrement sur le nombre et la nature des expressions utilisées pour faire référence à ces deux notions spécialisées.

Notre analyse, à la fois quantitative et qualitative, est de type "*corpus-driven*" ou guidée sur corpus. Les sous-corpus comparables créés pour ce projet, composés de textes authentiques et représentatifs de nos objets d'étude, sont au nombre de quatre, à savoir deux sous-corpus de presse généraliste et deux sous-corpus de presse spécialisée, en français et en italien, composés d'articles tirés de *La Tribune*, *Le Monde*, *Milano Finanza* et *Corriere della Sera* à partir de 2013 jusqu'au 25 juin 2017, l'année 2013 étant le point de départ de la stratégie de FG et du QE[17].

Nous commencerons par l'exploration du syntagme FG[18]. Tout d'abord, nous remarquons que le sous-corpus qui présente la fréquence normalisée la plus élevée de l'emprunt intégral FG est *Le Monde* (0,21 %)[19], suivi dans l'ordre par le *Corriere della Sera* (0,14 %)[20], *La Tribune* (0,13 %)[21] et *Milano Finanza* (0,12 %)[22].

L'analyse de FG à travers la fonction T-Score du logiciel AntConc, qui mesure la force d'attraction d'un terme à l'égard de ses collocatifs,

17 Quelques précisions concernant la construction des sous-corpus sont explicitées ci-dessous. Les sous-corpus consacrés à la stratégie de FG et QE ont été construits en recherchant leurs équivalents dans les documents disponibles sur le site de la BCE et dans la base de données EUR-Lex. Pour FG en langue française : "*forward guidance*" et « indications prospectives » ; pour l'italien : "*forward guidance*" et "*indicazioni prospettiche*" ; pour QE en langue française : "*Quantitative Easing*", le sigle « QE », « assouplissement quantitatif », « assouplissement monétaire quantitatif » et « assouplissement monétaire » et pour l'italien : "*Quantitative Easing*", le sigle "QE", "*accomodamento monetario*", "*allentamento quantitativo*" et "*allentamento monetario*". Sur la base des documents institutionnels consultés, l'italien hésiterait entre plusieurs solutions tandis que le français, au contraire, présenterait une variation moindre. Une précision s'impose : « assouplissement monétaire » a été ajouté à notre recherche car il figure parfois dans la presse généraliste en tant qu'équivalent de QE. Comme nous le verrons dans la partie consacrée à l'analyse des données, nos sous-corpus ont permis de dissiper cette ambiguïté.

18 Nous tenons à préciser qu'au vu de la relative exiguité des sous-corpus, nous nous réservons de valider les résultats de notre recherche à partir de sous-corpus plus amples.

19 Le nombre total des mots est de 16 511. Les occurrences de FG sont au nombre de 35 ; aucune occurrence pour l'équivalent institutionnel « indications prospectives ».

20 Le nombre total des mots est de 23 835. Les occurrences de FG sont au nombre de 34, auxquelles s'ajoutent 7 occurrences de l'équivalent institutionnel "*indicazioni prospettiche*", dont une seule anticipée par l'emprunt intégral.

21 Le nombre total des mots est de 37 925. Les occurrences de FG sont au nombre de 50, auxquelles s'ajoutent 4 occurrences du syntagme « indications prospectives », utilisé sans être anticipé ou suivi par l'emprunt intégral, mais toutes contenues dans le même article.

22 Le nombre total des mots est de 25 444. Les occurrences de FG sont au nombre de 31, auxquelles s'ajoutent 2 occurrences de "*indicazioni prospettiche*".

a permis d'alimenter notre recherche. Grâce à cette fonction, nous avons pu déceler l'intention explicative ou didactique du quotidien généraliste italien *Corriere della Sera*, comme le montre le fait que l'emprunt intégral (34)[23] est précédé, dans l'ordre, par "*cosiddetta*" (« soit-disant ») et par la conjonction "*cioè*" (« à savoir »). Le quotidien *Le Monde* montre, au contraire, une attitude moins didactique et tente de stabiliser une traduction : l'analyse T-Score montre qu'il est précédé (et suivi) par « guidage des anticipations » (7), « technique de communication » (4), « orientations » (6) et « communication » (2)[24].

Passons maintenant aux quotidiens de presse spécialisée. Pour ce qui est de *Milano Finanza*, l'analyse T-Score signale dans l'ordre les collocatifs à droite "*tassi*" (« taux ») et "*indicazioni*" (« indications ») ainsi que la prédominance de l'emprunt intégral sans explications. L'objectif du quotidien italien semble moins de vouloir expliquer que de mettre en évidence les effets produits par cette stratégie. De même, pour ce qui est de *La Tribune*, où l'analyse T-Score montre que FG est précisé à droite par « assurance » (6), « politique » (4) et « taux » (4) et à gauche par « autrement » (5). Les collocatifs « assurance » et « taux » se focalisent, en effet, sur la « promesse » que les taux resteront bas pendant une période assez longue. L'emprunt intégral est utilisé dans 30 % des cas par *La Tribune* sans gloses explicatives ni équivalents de traduction, ce qui peut s'expliquer par la nature du quotidien, spécialisé et visant un public averti.

Notre conclusion est que le syntagme FG présente un décodage assez prévisible. En effet, dans la plupart des cas, FG nécessite une seule intégration, aussi bien dans le cas où FG serait précisé respectivement à gauche par une apposition (« programme ») ou par une glose explicative (« guidage des anticipations »), ou bien anticipé par « autrement dit » qui introduit une paraphrase explicative, ou que la glose focalise les objectifs de la stratégie (*La Tribune* et *Milano Finanza*), ou que l'emprunt intégral se suffise à lui-même. Nous comparerons maintenant cette prévisibilité de FG au traitement en discours de QE.

---

23 Le nombre entre parenthèses, marqué après les exemples, indique le nombre des occurrences.

24 Les équivalents proposés de « guidage des anticipations », ou le moins fréquent « indications prospectives », sont toujours suivis par une glose explicative. Les deux mettent l'accent sur des traits sémantiques différents : alors que « guidage des anticipations » insiste sur la stratégie de FG, l'équivalent institutionnel « indications prospectives » se présente comme une traduction littérale pour ce qui est de la structure du syntagme.

Notre analyse nous a tout d'abord permis de dissiper la confusion entre « assouplissement monétaire » et « assouplissement quantitatif » engendrée par le sous-corpus de presse généraliste et, dans une moindre mesure, par celui de presse spécialisée, où « assouplissement monétaire » figure parfois en tant qu'équivalent de traduction de QE. L'analyse ponctuelle de notre sous-corpus révèle que l'expression « assouplissement monétaire » est un hyperonyme vague de QE qui indique en général une politique de faibles taux d'intérêt alors que QE se réfère plus précisément aux achats d'actifs par une banque centrale en vue de faire baisser les taux d'intérêt.

Le sous-corpus qui présente la fréquence normalisée la plus élevée de l'emprunt intégral est celui du *Corriere della Sera* (0,18 %)[25], suivi par *Milano Finanza* (0,14 %)[26], *Le Monde* (0,07 %)[27] et *La Tribune* (0,05 %)[28]. Parmi les quotidiens de presse spécialisée, le sous-corpus *Milano Finanza* présente une fréquence normalisée presque trois fois supérieure par rapport à son homologue français, ce qui confirme la forte perméabilité de l'italien envers les anglicismes. Au contraire, les deux sous-corpus français montrent une fréquence normalisée nettement supérieure (0,6 % pour les deux sous-corpus) de l'équivalent littéral français « assouplissement quantitatif », ce qui confirme l'emprise de la politique linguistique française en matière d'anglicismes, la présence de l'équivalent littéral italien étant presque nulle (en fréquence normalisée 0,00 % pour le sous-corpus *Corriere della Sera*, 0,01 % pour *Milano Finanza*). Il est intéressant de remarquer que, dans le sous-corpus *Le Monde*, sur 220 occurrences de l'emprunt intégral, celui-ci est précisé dans 32 % des cas par l'équivalent littéral, « assouplissement quantitatif », et dans 25 % des cas par l'ajout supplémentaire du sigle QE, ce qui aboutit à la séquence suivante : « assouplissement quantitatif (*quantitative easing* ou QE en anglais) ». Or, l'analyse ponctuelle de cette séquence montre qu'elle est également suivie d'une glose explicative, la plupart du temps assez articulée, du fonctionnement de cette mesure[29]. Nous observons également que cette explication est assez éloignée de la séquence « assouplissement

25 Le nombre total de mots est de 498 597. Les occurrences de QE sont au nombre de 889.

26 Le nombre total de mots est de 571 665. Les occurrences de QE sont au nombre de 789.

27 Le nombre total de mots est de 306 469. Les occurrences de QE sont au nombre de 220.

28 Le nombre total de mots est de 641 433. Les occurrences de QE sont au nombre de 302.

29 À l'aide de l'analyse T-Score, nous apprenons que les collocatifs qui précisent « assouplissement quantitatif » montrent la même préférence que QE pour l'apposition « programme »,

quantitatif » et que cette dernière fonctionne dans ce cas, à l'instar du sigle QE, en tant que reprise anaphorique d'une explication articulée toute entière. Il en va de même pour les sous-corpus *Corriere della Sera* et *Milano Finanza*, où les très rares occurrences de l'équivalent de traduction reprennent toujours anaphoriquement un contexte explicatif précédent. Cependant, si *Le Monde* présente une fréquence normalisée de l'emprunt (0,07 %) supérieure à celle de *La Tribune* (0,05 %), il n'en demeure pas moins que le sous-corpus *La Tribune* présente un pourcentage nettement inférieur d'occurrences où l'emprunt intégral est précisé par la traduction française. Or, l'analyse de ces occurrences confirme que l'emprunt intégral est principalement utilisé en tant que reprise anaphorique d'un contexte explicatif précédent. L'aspect qui caractérise les deux sous-corpus généralistes, et dans une moindre mesure les deux sous-corpus spécialisés, porte sur le fait que l'emprunt intégral QE (suivi par son équivalent de traduction ou par le sigle QE ou les deux à la fois) soit systématiquement utilisé non seulement dans des contextes ayant trait à la politique américaine, ce qui est terminologiquement et sémantiquement convenable, mais aussi dans des contextes faisant référence à la BCE et à ses opérations non conventionnelles. Cela engendre une certaine confusion, à plus forte raison si l'on considère les différences avec le QE américain que les présidents Trichet et Draghi ne cessent de souligner.

Cela étant, une réflexion s'impose concernant l'écriture journalistique. Il est admis dans la littérature que les textes journalistiques constituent des objets discursifs complexes « où s'entremêlent le devoir de narrer, la responsabilité de rassurer, la nécessité de vulgariser et l'urgence de dramatiser » (Boulanger, 2016, p. 152). Les journalistes et les médias en général participent pleinement de la diffusion des informations économiques et financières. En ce sens, la répétitivité de séquences telles que « assouplissement quantitatif (*quantitative easing* ou QE) » ou « programme de rachat d'actifs » pourrait être liée au canal de communication et à une volonté précise du journaliste de narrer et de vulgariser. Or, tout en étant pleinement conscient de cette hypothèse, nous nous réservons la possibilité de la valider à l'avenir à l'aide de sous-corpus plus amples. D'après nos résultats, la répétitivité plus élevée des séquences

suivie par « dettes », « politique », « actifs » et « rachats », seul change le nombre des occurrences respectives.

discursives et la nécessité d'expliciter les arguments qui constituent la dénomination QE, par rapport à FG, pourraient être attribuées à un différent niveau de complexité intrinsèque de ces concepts. La portée des intégrations pour FG et QE serait donc strictement liée au différent niveau de prévisibilité du décodage des deux expressions, la dernière étant de loin la plus opaque. Or, ce besoin de clarification supplémentaire de QE est évident lorsque l'on analyse les séquences qui précèdent ou qui suivent les deux syntagmes ainsi que la richesse et le nombre des explications fournies. De plus, cette opacité semblerait persister malgré l'ajout d'équivalents littéraux, comme le témoigne la présence constante de gloses explicatives et de paraphrases descriptives accompagnant ces derniers dans les deux langues.

## FG ET QE : DEUX NOMS RELATIONNELS AUX DIFFÉRENTS DEGRÉS D'OPACITÉ

Les noms relationnels, d'après la définition de Prandi, à l'instar des verbes et des adjectifs, "*denote nonsaturated concepts–that is, processes (death, smile) or properties (joy, sadness). Instead of classifying entities, [...] they enter into relation with entities, or they relate entities to each other*"[30] (Prandi, 2017, p. 104). Toujours d'après Prandi, les noms relationnels jouent une importante fonction anaphorique à l'intérieur des textes (*ibid.*) que l'exploration de nos sous-corpus a amplement confirmée, en particulier pour ce qui est de l'équivalent de traduction et de l'emprunt intégral. En outre, tous les noms relationnels indiquant un procès ou une action, contrairement aux concepts classificatoires, constituent des actions condensées et, par définition, n'explicitent pas leurs arguments car ils possèdent déjà une structure claire et transparente du point de vue des arguments impliqués. D'où la nécessité de décrire l'action encapsulée.

FG et QE constituent la nominalisation d'un concept dérivé d'un prédicat d'action. En outre, pour ce qui est de QE, la tête de syntagme

30 « [...] dénotent des concepts non saturés – à savoir des processus (mort, sourire) ou des propriétés (joie, tristesse). Au lieu de classifier des entités, [...] ils entrent en relation avec des entités ou ils relient des entités les unes aux autres » [Notre traduction].

*easing* est une nominalisation d'un verbe (*to ease*). À l'instar des noms relationnels indiquant un procès et comme le confirme l'exploration de nos sous-corpus, les substantifs dérivés d'un verbe jouent eux aussi un rôle anaphorique à l'intérieur des textes. Or, QE et FG sont des noms composés où l'ordre des termes est : déterminant – déterminé. Dans le cas de QE, le déterminant *quantitative* apporte une restriction sémantique et s'oppose à *qualitative*. Dans le cas de FG, le déterminant *forward* se réfère à une période assez longue dans le futur et apporte une spécification ultérieure au déterminé *guidance*, amplifiant son orientation vers le futur.

Par ailleurs, la reconstruction des schémas d'arguments, grâce à une procédure inférentielle, est essentielle pour l'interprétation d'un concept. Alors que FG affiche des relations qui ne nécessitent qu'une seule intégration (ajout d'une glose descriptive en italien ou d'une traduction paraphrastique en français), le syntagme QE affiche un degré d'implicite et de concision très élevé qui nécessite un effort de décodage accru. QE se révèle être en même temps un concept complexe pour ce qui est de son fonctionnement et un concept compliqué en raison de facteurs concomitants, d'où la difficulté à saisir les contours du débat. À tel point que l'on pourrait parler, d'après Prandi, d'une dénomination proche de l'euphémisme en ce qu'elle se réfère à des "*sacred, tabooed or unpleasant referents in such a way as to keep them outside the addressee's awareness, or at least to attenuate their impact*"[31] (Prandi, 2017, p. 311) et que Trichet et Draghi évitent scrupuleusement d'utiliser. L'enjeu est de taille car « [d]errière la bataille lexicale se cachent les résistances allemandes. La puissante Bundesbank reste strictement opposée à tout achat de dette publique par la BCE sur le marché primaire, c'est-à-dire dès l'émission des obligations » (Charrel, 2014). Les craintes allemandes aussi sont patentes car, si la BCE lance son programme de rachat d'obligations d'état, Merkel et Schäuble auront bien du mal à se défendre de l'accusation des eurosceptiques allemands selon laquelle « l'euro plonge l'Allemagne dans une socialisation des dettes et dans une mutualisation des risques » (Godin, 2014).

Mais il y a également des réticences de la part de la BCE, qui craint que le QE n'incite « les gouvernements à ne pas mener les politiques

31 « [...] référents sacrés, tabous ou désagréables de manière à les garder à l'extérieur de la conscience du destinataire, ou au moins à atténuer leur impact » [Notre traduction].

de consolidation fiscale nécessaires », étant donné que ce programme implique l'achat de dettes publiques et nécessairement la monétisation de ces dernières (Artus, 2013). Si le QE constitue une forme atténuée parce qu'elle dissimule des sujets tabous pour l'Allemagne ou des craintes de la part de la BCE, les parties en cause sont conscientes de leurs peurs réciproques. Comme l'euphémisme implique que le destinataire ne connaisse pas la chose cachée pour être efficace, l'expression QE ne partagerait donc qu'une partie des composantes essentielles d'un euphémisme.

Un indice de complexité accrue de QE serait le recours de la part des médias aux métaphores dont la fonction principale est la compréhension, les concepts complexes générant typiquement plus de métaphores (Lakoff et Johnson, 1980). Or, si pour la description de FG il n'y a jamais de recours à ces figures de style, l'explication du concept de QE recourt au contraire à deux métaphores principales possédant une force de suggestion percutante. En tant que mesure non conventionnelle, le QE est principalement assimilé à un « bazooka », une arme extrême et dissuasive, ou à de l'artillerie lourde. À l'inverse, son fonctionnement serait assimilé à une « planche à billets » que les États feraient tourner pour affaiblir leur monnaie et relancer ainsi leurs exportations. Notre analyse confirme enfin une continuité forte entre les métaphores des journaux généralistes et celles des journaux spécialisés, dans les deux langues.

## CONCLUSION

FG et QE sont deux concepts qui présentent différents degrés de complexité qui sont à la base du différent traitement discursif, le premier étant un concept transparent qui nécessite une seule intégration alors que le deuxième est l'objet d'ajouts, de précisions et parfois de longues dissertations. Comme cela a été démontré, la vision en matière de politique monétaire de la BCE et de la FED diverge amplement, les présidents Draghi et Trichet s'empressant de réaffirmer les différences sémantiques et terminologiques avec leurs politiques d'achat d'actifs. Or, la presse généraliste qualifie presque systématiquement de QE, et ce dans la moindre mesure pour ce qui est de la presse spécialisée, les activités non conventionnelles de la BCE aussi bien que le QE américain, ce qui rend difficile de saisir les enjeux du débat. Pour conclure, les polémiques à l'intérieur de la zone euro ne font qu'augmenter son opacité conceptuelle que les équivalents littéraux, qui reprennent anaphoriquement des explications précédentes, se limitent à réaffirmer.

Danio MALDUSSI
Université de Bologne,
Campus de Forlì
Italie

# TROISIÈME PARTIE

# MÉTHODOLOGIES

# LA JURITRADUCTOLOGIE COMME OUTIL DIDACTIQUE

## pour la traduction des concepts en français et en anglais

Comment enseigner la traduction juridique anglais <> français dans un master ? Quelles problématiques posent la traduction des concepts juridiques d'une langue à l'autre ?

Derrière ces questions de prime abord didactiques se cache une réflexion traductionnelle plus complexe : le vocabulaire juridique étant le reflet du système juridique d'un pays, comment enseigner la traduction juridique de l'anglais vers le français (et vice-versa) sans trahir le droit des deux langues ? Car il s'agit ici de traduire, en tenant compte des différences « profondément ancrées entre les concepts et les systèmes du Droit Civil romano-germanique français et de la common law[1] ».

Cette contribution est un témoignage de l'enseignement en anglais des contrats ; les étudiants sont en master 1re année de master Droit Langues et Juriste Européen à l'université de Tours. La didactique décrite met en œuvre la juritraductologie[2], ou traductologie de la langue du droit, et applique son postulat fondateur : ce qui est comparable est traduisible[3]. Dépassant les théories linguistiques classiques (Vinay Darbelnet, 1958), combinant une approche fonctionnaliste (Nord, 1997) et l'équivalence en traduction juridique (Harvey, 2002), la comparaison des concepts introduite par la juritraductologie permet de contourner l'intraduisibilité,

1 *"Translations of law dictionaries are few, especially from French into English due to the deep-seated differences between French Civil Law's and Common Law's concepts and systems"*, Gérad Cornu, *Dictionary of the Civil Code*, (translated by Alain Levasseur and Marie-Eugénie Laporte-Legeais, Lexis-Nexis 2014). reviewed by Gémar Jean-Claude.

2 Le Centre de Recherche Interdisciplinaire en Juritraductologie (Cerije) a été créé en septembre 2012 afin de déployer exclusivement ses activités, en recherche fondamentale et appliquée, dans le domaine de la traductologie juridique. (http://www. cerije.eu/)

3 « La comparabilité permet la traduisibilité et l'équivalence » (Monjean-Decaudin, 2010).

par le biais d'une méthodologie documentaire rigoureuse (Lee-Jahnke, 2005). Notre démonstration didactique s'appuie sur la comparaison de deux concepts juridiques en français et en anglais (*Act of God* vs force majeure, *copyright* vs droit d'auteur) et propose une voie de traduisibilité.

La traduction juridique fait partie des 25 domaines de traduction technique définis par la SFT[4]. Comme toute traduction technique, la traduction juridique suppose une composante langagière (langues anglaise et française) et linguistique (grammaire et syntaxe) complétée d'une composante technique (la langue du droit) ; s'y ajoute une troisième composante conceptuelle liée aux sources différentes du droit des deux langues. Traduire la langue du droit suppose ainsi trois compétences : une compétence linguistique, une compétence technique et une compétence comparatiste permettant de construire des passerelles conceptuelles entre common law et Droit Civil. Le traducteur juridique français <> anglais est un linguiste juriste comparatiste[5].

La traduction juridique n'est pas *a priori* considérée comme une discipline attrayante par les étudiants qui perçoivent les textes juridiques comme des documents difficiles d'accès ayant une terminologie opaque et obsolète. À la complexité de la langue de spécialité s'ajoute la complexité des systèmes de droit des deux langues.

## LES SOURCES DU DROIT DE LA COMMON LAW ET DU DROIT CIVIL

### DES CONCEPTIONS DIFFÉRENTES…

Les langues juridiques française et anglaise puisent leurs origines dans deux représentations différentes du droit (Mellinkoff, 1963 ; Didier, 1990 ; Gémar, 2002). Le droit civil romano-germanique est le fondement du droit en France ; la common law[6] qui caractérise les pays anglo-saxons puise son fondement dans la coutume normande introduite

4 Société française des traducteurs, syndicat professionnel (https://www.sft.fr/).

5 Selon l'ordre choisi, le traducteur est linguiste juriste comparatiste, juriste linguiste comparatiste ou comparatiste juriste linguiste ; d'autres combinaisons sont possibles.

6 Common law est de genre féminin (Richard, 2016).

par Guillaume le Conquérant lors de l'invasion et de l'occupation du Royaume d'Angleterre au XIe siècle.

Les droits de tradition civiliste constituent un système juridique qui est appelé également droit romano-germanique, droit romano-civiliste ou droit continental ; au Québec, il est appelé droit civil. Il s'agit d'un système complet de règles, habituellement codifiées, qui sont appliquées et interprétées par des juges civils et, dans ce système de droit écrit, les juges ont le statut de fonctionnaires. Dans ce système, les règles sont posées par avance, leur interprétation étant mécanique et neutre, au centre étant la loi. Le Code civil français est l'apogée de ce système (Frison-Roche, 2017).

La common law régit la chose juridique outre-manche et outre-Atlantique, à l'exception des droits mixtes[7]. Ce droit est créé par les juges et non par la loi, la common law donnant la primauté aux précédents jurisprudentiels (droit jurisprudentiel). À l'origine, les juges itinérants (*General Eyres*[8]) avaient pour mission de parcourir le territoire en circuits judiciaires, de tenir des audiences dans les comtés et de rapporter les coutumes locales rencontrées ; certaines étaient conservées, d'autres écartées, et cette accumulation de solutions particulières trouvées par le juge pour résoudre des cas concrets a construit la jurisprudence commune uniforme (ou common law) ; les décisions importantes ont fait naître des règles. Ces éléments historiques expliquent encore aujourd'hui le rôle important des juges dans les pays de common law. Née de traditions moyenâgeuses, la common law s'est construite comme une quête réconciliant l'autorité et la raison, les règles imposées et les coutumes motivant les comportements humains et, à terme, l'universel et le concret :

> *Moreover, it is a tradition which has its roots in the Middle Ages and so was shaped in its beginnings as a quest for reconciling authority with reason, imposed rule with customs of human conduct, and so the universal with the concrete* (Pound, 1937, p. 186)[9].

La common law s'appuie ainsi sur des éléments concrets : « pour le juriste britannique les éléments n'ont de réalité que pris dans un

7 La Louisiane est régie par un droit mixte (Levasseur, 1994).

8 *Eyre* est le nom donné au circuit judiciaire effectué par un juge itinérant dans l'Angleterre médiévale ou au tribunal présidé par ce juge.

9 « De plus, il s'agit d'une tradition dont les origines remontent au Moyen-Âge et qui initialement a été conçue comme une quête visant à concilier la raison et l'autorité, les contraintes de la loi et les us et coutumes des hommes, et par-là à concilier l'universel et le concret. » [Notre traduction]

raisonnement concret ; ils n'ont que le sens et la valeur que leur donne, pour chaque cas litigieux, une argumentation valide ou vraisemblable[10] ».

… ET DES HISTOIRES DIFFÉRENTES

La culture juridique reflète l'histoire politique, religieuse, économique d'un pays (Levasseur, 1994). Ainsi, nous pourrions décrire la chronologie du droit civil français et énumérer les « réformes subies et surtout détailler l'origine de ses principes à la fois dans le droit romain et des siècles de pratiques coutumières » (Lévy, 2010, p. 3).

Tel n'est pas le but d'un cours de traduction juridique. Cependant, cette chronologie a joué un rôle dans la construction des deux systèmes juridiques concernés et les dates marquantes dans l'évolution de la langue juridique seront mentionnées. Même dans le domaine qui nous intéresse, la guerre et son lot de conquêtes et d'invasions ont durablement façonné l'anglais juridique actuel.

Le premier évènement marquant est la conquête de l'Angleterre par Guillaume le Conquérant en 1066. Cette date marque l'apparition de nombreux mots issus de l'ancien français (IXe au XIIIe siècle) et du français médiéval (XIe au début du XIVe siècle) dans la langue du droit anglais : la langue française s'impose au pays conquis pendant près de trois cents ans à tous les niveaux administratifs et juridiques de la société anglaise ; celle-ci subit de profonds changements et voit l'élite anglo-saxonne disparaître au profit des seigneurs normands ; la loi normande est intégrée au système juridique anglo-saxon préexistant[11]. Un des premiers écrits, les Lois de Guillaume le Conquérant ou Quadripartitus (1118), est une charte des libertés anglaises concédées par Henri 1er, successeur de Guillaume, lors de son avènement ; cet ouvrage rédigé en latin a pour but de faire connaître les anciennes lois anglaises aux fonctionnaires normands du nouveau royaume et marque les fondements du droit anglo-normand[12]. La seconde date marquante est 1362, année de la promulgation de The Pleading in English Act[13] qui amorce le

10 http://www.universalis-edu.com/encyclopedie/common-law/

11 Le droit anglo-saxon (*Anglo-Saxon law*) est un ensemble de principes juridiques en vigueur en Angleterre du VIe siècle à la conquête normande (https://www.britannica.com).

12 Cette charte propose en quelque sorte des équivalences entre lois anglaises et lois normandes.

13 Détail ironique : le texte de loi imposant l'anglais comme langue juridique est rédigé en vieux français (http://www.languageandlaw.org/TEXTS/STATS/PLEADING.HTM).

déclin du règne du français comme langue juridique officielle orale en Angleterre et l'instauration de l'anglais comme la langue obligatoire de toutes les procédures judiciaires. 1362 est également l'année au cours de laquelle la langue anglaise est utilisée pour la première fois pour l'ouverture d'une session parlementaire à Londres. La disparition du français dans les cours et tribunaux anglais est accélérée par un autre évènement militaire, la Guerre de Cent ans (1337-1453) contre la France, qui impose le nationalisme anglais.

La diglossie du royaume d'Angleterre partitionnait la société anglaise en plusieurs strates : l'écrit administratif (latin) et l'oral juridique (ancien normand[14]), la langue de la cour (ancien normand, puis anglo-normand) et la langue du peuple (vieil anglais). Malgré la loi de 1362 qui était une révolte contre le français, il subsiste une empreinte française durable dans le vocabulaire juridique moderne : *sentence*[15] ou *felon*[16] sont quelques exemples parmi de nombreux autres. De façon similaire, les doublets ou triplets juridiques[17] sont les témoins actuels de ces contacts linguistiques antagonistes.

## NATURE DE LA TRADUCTION JURIDIQUE

La traduction juridique a longtemps été considérée comme auxiliaire du droit, avant d'en devenir un domaine d'étude abouti ; une spécialité est apparue, la jurilinguistique[18], et des problématiques ont émergé :

14 L'ancien normand a été utilisé pour rédiger des documents administratifs et des textes littéraires du Moyen Âge jusqu'au XV^e^ siècle.

15 *Sentencion* figure dans Godefroy (1990) (http://gallica.bnf.fr/ark:/12148/bpt6k4197p).

16 *Latham Dict* 1, 915c felonia : "crime against feudal superior, breach of vassalage ».

17 Les doublets ou triplets juridiques sont des suites de deux, trois ou plusieurs mots séparés par une conjonction de coordination ou une virgule ; ils alternent mots anglais et mots en ancien français ou latin : *act and deed* ; *new and novel* ; *will and testament*. Ils sont appelés *"synonym strings"* (Mellinkoff, 1963, p. 121), « redoublements ou binômes synonymes » (Delisle et Woodsworth, 1995, p. 258).

18 La jurilinguistique est « l'application au texte juridique d'un traitement linguistique. La jurilinguistique est donc affaire de forme, non de contenu, domaine du juriste » (Gémar, 2011, p. 16).

> Pour le jurilinguiste, la langue juridique, comme toute langue, ne se réduit pas à un simple matériau phonétique. Elle constitue un véritable ensemble institutionnel que partage la communauté des juristes afin de pouvoir communiquer et se comprendre. (Barraud, 2016, p. 4)

Inscrite dans un schéma plus large de communication, la traduction juridique revêt des enjeux financiers, diplomatiques ou autres, du fait de la nature des textes à traduire (contrats, conventions internationales ou brevets par exemple) et de leur objet. Trait d'union entre les deux cultures juridiques, mais surtout médiation entre les deux partenaires du contrat, le traducteur doit construire une arche de compréhension entre les deux parties, à la fois fidèle à la langue source et à la langue cible :

> La difficulté de la traduction juridique est d'autant plus grande qu'elle comporte non seulement le passage d'une langue à l'autre, mais encore la transposition du message d'un système de droit à un autre (Heyden, 2010, p. 2)

## PROBLÉMATIQUES POSÉES PAR L'ENSEIGNEMENT DE LA TRADUCTION JURIDIQUE

Dans un contexte universitaire, la première problématique posée par l'enseignement de la traduction juridique est liée à l'accessibilité des textes ou supports de cours. Tout enseignant en anglais juridique est confronté à la difficulté de se procurer des textes juridiques libres de droits, authentiques et modernes. Si les textes doctrinaires et jugements sont relativement faciles d'accès, il est des supports de cours plus compliqués à obtenir : les contrats et brevets font partie des documents à forte valeur marchande liés par des clauses de confidentialité.

Une fois ce premier écueil matériel surmonté, surgit un deuxième écueil externe lié à l'accueil réservé au texte juridique en salle de cours : peu attractive[19], la traduction juridique rebute les étudiants de par sa phraséologie figée et obsolète. Constituer des bases de données phraséologiques lève cet écueil.

Le troisième écueil est linguistique, car la traduction juridique suit des règles de rédaction et de syntaxe propres aux langues concernées : traduire un contrat, c'est aussi écrire un contrat, le traducteur devenant rédacteur.

Le quatrième écueil est d'ordre lexical : le vocabulaire juridique est riche et complexe ; les dictionnaires papiers présents sur le marché sont

19 L'auteure se permet d'affirmer que la traduction juridique n'est pas une discipline « sexy ».

nombreux et onéreux ; les dictionnaires juridiques électroniques sont accessibles, mais lacunaires. Se constituer une base de données complète et de bonne qualité est un travail rigoureux et long qui s'avèrera être d'une grande valeur en traduction juridique.

Le cinquième écueil est lié à l'acquisition de la culture juridique du pays ; c'est à ce niveau que se construit le socle documentaire des connaissances sur lequel la traduction pourra appuyer ses formulations.

*Last, but not least*, tout enseignement se base sur une théorie.

## QUELLE THÉORIE EN TRADUCTION JURIDIQUE ?

Le socle théorique des études en traduction se construit autour de l'incontournable ouvrage *Stylistique comparée du français et de l'anglais* de Vinay & Darbelnet (1958). Appliqués à la traduction juridique, les sept procédés apportent, dans certains cas, des solutions acceptables :

Emprunt : *Common law* > La common law
Calque : cour d'appel > *Court of Appeal*
Traduction littérale : *Prices do not include transportation costs which shall be borne by Distributor* > Les prix n'incluent pas les coûts de transport qui sont supportés par le Distributeur
Transposition : *misuse* (*to*) > emploi abusif
Modulation : *Distributor shall inform the company* > la société est informée
Adaptation à la langue juridique : *Distributor shall* > s'engage à
Équivalence : Registre du Commerce et des Sociétés > *Companies House*

et, dans d'autres, des solutions erronées[20] :

Emprunt : *Agreement* > ?*un agrément
Calque : *Act of God* > ?*Acte de Dieu
Traduction littérale : *This Sale and Purchase agreement is made and entered* > ?*cet accord de vente et d'achat est fait et entré

Cette théorie a deux achoppements majeurs : premièrement, aucune règle ne dicte le procédé à utiliser ; deuxièmement, l'analyse proposée

20 Le point d'interrogation suivi de l'astérisque désigne les traductions douteuses et est adapté des conventions traditionnelles d'agrammaticalité (Abeillé, 1993, p. 4).

est essentiellement sourcière[21], ce qui en traduction juridique pose le problème de la fidélité au système de droit de la langue cible. Cependant, cette liste de procédés contient un procédé satisfaisant en langue juridique : l'équivalence. C'est d'ailleurs autour de cette notion centrale que de nombreux auteurs ont construit leur réflexion, dont Harvey (2002) qui distingue quatre stratégies en traduction juridique :

> 1. [l'équivalence fonctionnelle] consiste à trouver dans la langue d'arrivée un référent qui remplit une fonction similaire. Il s'agit d'une adaptation interculturelle. On peut citer comme exemples : « the Cour d'Assises – *roughly the equivalent of the English Crown Court* » (Chalmers, 1994, p. 15) ; intime conviction = *being satisfied beyond reasonable doubt* (Bridge, 1994, p. 173) ; hypothèque = *mortgage* (Bridge, 1994, p. 152) ;
> 2. l'équivalence formelle est une « équivalence "linguistique", qui consiste à traduire de manière aussi littérale que possible » : Conseil constitutionel = *Constitutional Council* ;
> 3. la transcription « consiste à reproduire le terme d'origine, en ajoutant éventuellement une glose lors de la première occurrence » : the cour d'assises – *the courts that try such serious crimes as murder, rape and robbery* ;
> 4. la traduction descriptive « consiste à expliquer les spécificités culturelles en utilisant des termes génériques » : la trilogie contraventions, délits, crimes est rendue par *minor offences, major offences and serious crimes.* (Harvey, 2002, p. 42)

Si la stratégie 1 (équivalence fonctionnelle) est satisfaisante, les trois autres stratégies (équivalence formelle, transcription et traduction descriptive) sont peu claires et proposent une description conceptuellement inexacte dans la langue cible. La traduction littérale (2) *Constitutional Council* dans un texte anglais engendre incompréhension et perplexité chez les locuteurs anglais. De même, lorsqu'on traduit la trilogie juridique française contraventions, délits, crimes par trois syntagmes en anglais (stratégie 4), on introduit une classification de gravité (trilogie) qui n'existe pas en anglais et on occulte l'hyperonyme crime et la classification duale anglaise en *felony* et *misdemeanor*[22]. Aussi attrayantes que soient ces quatre stratégies, elles ne tiennent pas compte de la langue cible. De plus, Harvey évoque une limite à sa réflexion, l'intraduisibilité :

---

21 Une théorie traductionnelle sourcière dicte que la traduction proposée doit être fidèle au texte source ; son antonyme est la théorie cibliste (Nord, 1997).

22 *Misdemeanour* est *a crime less serious than a felony* (http://www.memidex.com/misdemeanor).

> La procédure pénale est inquisitoire en France, accusatoire en Angleterre. Par conséquent, de nombreux termes de procédure (mise en examen, *cross-examination*) ou des acteurs (juge d'instruction, témoin assisté) n'ont pas d'équivalent dans l'autre culture juridique. (Harvey, 2002, p. 41)

Si l'intraduisibilité est une problématique acceptable en recherche universitaire, elle ne l'est pas dans un contexte professionnel, le traducteur devant fournir un texte lisible et complet à son client, au risque de ne pas recevoir de rémunération pour sa prestation.

Cette deuxième théorie-stratégie s'avère peu satisfaisante du fait du large choix à tester avant de proposer une bonne traduction :

> Du point de vue pédagogique, la mise en évidence de différentes techniques d'équivalence fait appel à des notions cognitives (en particulier des questions de droit comparé) et à des notions communicationnelles (la nécessaire prise en compte du destinataire et de la fonction du texte traduit). Par le biais d'une sensibilisation à ces variables, l'apprenti traducteur est amené à tester différentes stratégies et à justifier ses choix. (Harvey, 2002, p. 47)

Une troisième voie semble se dessiner autour de la théorie fonctionnaliste de Nord (1997), qui envisage la traduction comme une activité ciblée, et de la juritraductologie, selon laquelle « ce qui est comparable est traduisible » (Monjean-Decaudin, 2010). Cette dernière étudie la traduction sous l'angle de la comparabilité historique et conceptuelle. Innovantes, la théorie fonctionnaliste et la comparabilité appliquées à la traduction juridique suscitent un intérêt et passion[23] chez les étudiants, qu'ils soient juristes ou linguistes[24], car une approche cibliste et une interactivité de la recherche documentaire y sont combinées.

### LE CONTRAT ET *ACT OF GOD*

La traduction de contrats commerciaux de l'anglais vers le français permet d'introduire la juritraductologie par l'exemple et de renforcer l'importance de la culture juridique de la langue cible dans la traduction.

---

23 L'intérêt, voire la passion pour la langue de spécialité, est un des prérequis selon Lee-Jahnke (2005, p. 82).

24 Les étudiants de master 1 du cours sont titulaires d'un double diplôme (droit et langues) ; l'auteure a par ailleurs enseigné la juritraductologie à des étudiants en master de Traduction titulaires d'une licence d'Anglais ou de LEA. Ces deux publics ont montré le même enthousiasme.

Quelques prérequis théoriques sur les contrats sont présentés aux étudiants ; seuls les points pertinents pour une étude comparative entre contrats anglais et français sont retenus :

1. les différences de forme entre contrats français et anglais portent, entre autres, sur :
- la présentation et l'emplacement des mentions obligatoires : la date et signature ne sont pas associées dans le contrat anglais ; de plus, l'indication du lieu n'y est pas obligatoire) ;
- le nombre d'articles : le contrat anglais est plus long que le contrat français car les énumérations exhaustives (d'obligations contractuelles de livraison, d'échéances de paiement) y sont fréquentes ;
- la présence obligatoire de définitions des mots utilisés et le respect de la casse (seuls certains mots et articles sont écrits en majuscules en anglais (*WHEREAS* ou *NOW, THEREFORE*).

2. les différences de fond sont également importantes :
- le contrat français étant synallagmatique, le contrat anglais est plus long, la réciprocité devant être spécifiée par écrit (*Seller shall sell and Purchaser shall purchase*) ;
- de plus, chaque article d'un contrat anglais peut être lu comme une partie indépendante, alors que le contrat français peut se lire comme une seule et même phrase ;
- les prépositions et conjonctions ont un sens fort dans les contrats anglais (*hereto, hereby, hereunder, herewith, hereinafter*) ;
- les démonstratifs sont nombreux en anglais (*this contract*) alors qu'en français les anaphoriques ne sont généralement pas utilisés (le présent contrat, les présentes parties) ;
- la modalité *shall* a la valeur d'obligation juridique et ne se traduit pas un futur, le français préfère recourir à la notion d'engagement (s'engage à) ou à un présent simple (*Seller shall sell and Purchaser shall purchase*, le vendeur s'engage à vendre à l'acquéreur qui s'engage à acheter).

3. des différences stylistiques se retrouvent également dans les contrats :
- la langue française utilise de nombreux synonymes pour éviter les répétitions, alors que l'anglais juridique peut utiliser plusieurs fois le même syntagme identique dans la même phrase sans y voir une faute de style ;

- forme active et forme passive sont utilisées avec des différences notables dans les deux langues ;
- les prépositions (*and/or*) permettent une mise en facteur commun du substantif ou du verbe en anglais, ce qui n'est pas le cas en français ;
- la langue anglaise est pléonastique et descriptive, la langue française est synthétique.

Une fois ces remarques liminaires posées, le premier exercice consiste à traduire le contrat de distribution suivant ; l'expression *Act of God* s'y trouve et son étude juritraductologique est proposée :

> [...] *Company shall not be in default by reason of any failure in its performance under this Agreement if such failure results from, whether directly or indirectly, fire, explosion, strike, freight embargo, Act of God or of the public enemy, war, civil disturbance, act of any government, de jure or de facto, or agency or official thereof, material or labor shortage, transportation contingencies, unusually severe weather, default of any other manufacturer or a supplier or subcontractor, quarantine, restriction, epidemic, or catastrophe, lack of timely instructions or essential information from Distributor, or otherwise arisen out of causes beyond the control of the Company*[25].

Quel est le sens d'*Act of God* dans cette énumération d'évènements empêchant l'entreprise d'exécuter ses obligations contractuelles ? Quelle en est la traduction ? Les réponses des étudiants sont multiples : dans de nombreux contrats trouvés sur l'Internet, *Act of God* est traduit par « force majeure » ; des dictionnaires bilingues proposent « catastrophe naturelle ».

La première étape de l'étude traductologique consiste à comparer les définitions unilingues de ces expressions :

> Définition (1) *Act of God : a* sudden *and* inevitable occurrence *caused by* natural forces *and not by the* agency of man, *such as a* flood, earthquake*, or a* similar catastrophe[26].

> Définition (2) : La force majeure est la circonstance exceptionnelle, étrangère à la personne de celui qui l'éprouve, qui a eu pour résultat de l'empêcher

25 Le contrat complet est consultable sous le lien suivant : https://www.sec.gov/Archives/edgar/data/1567900/000101054914000385/ex101.htm.

26 https://www.collinsdictionary.com/dictionary/english/act-of-god : « catastrophe naturelle : évènement soudain et inévitable causé par des forces naturelles et non par une intervention humaine, par exemple inondations, tremblements de terre or toute catastrophe similaire. » [Notre traduction]

> d'exécuter les prestations qu'il devait à son créancier ; seule l'irrésistibilité et l'imprévisibilité dans son exécution, dont la survenance doit être appréciée à la date de la conclusion du contrat, caractérisent la force majeure[27].

> Définition (3) Une catastrophe naturelle est caractérisée par l'intensité anormale d'un agent naturel (inondation, coulée de boue, tremblement de terre, avalanche, sécheresse…) lorsque les mesures habituelles à prendre pour prévenir ces dommages n'ont pu empêcher leur survenance ou n'ont pu être prises[28].

La seconde étape consiste à trouver les points communs et divergences dans ces définitions, afin d'en extraire des mots-clés discriminants. Plusieurs points sont communs : il est fait mention du caractère imprévisible pour (2) force majeure, soudain pour (1) *Act of God* et inévitable dans les trois définitions. C'est dans l'origine de cet évènement que se trouve l'élément discriminant : dans (1) *Act of God* et (3) catastrophe naturelle, il est fait mention d'un agent naturel, alors que (2) force majeure ne le mentionne pas. *Act of God* et catastrophe naturelle sont comparables, donc traduisibles. Ainsi notre traduction peut être la suivante :

> La Société n'est pas tenue responsable de l'inexécution du présent contrat, au cas où ladite inexécution résulte, de façon directe ou indirecte, d'un incendie, d'une explosion, d'une grève, d'un embargo de marchandises, d'une catastrophe naturelle, ou d'un acte terroriste, d'une guerre, de troubles, de faits du prince *de droit ou de fait*, de pénurie de matériaux ou de main d'œuvre, d'aléas liés au transport, de conditions météorologiques extrêmes, d'une inexécution causée par un fabricant, fournisseur et sous-traitant, d'une mise en quarantaine, d'un contingentement, d'un épidémie ou désastre, d'un défaut d'information en temps et en heure de la part du Distributeur, ou de toute cause indépendante de la volonté de la Société.

qui, complétée par la remarque suivante :

> Il faut éviter de traduire *Act of God* par force majeure dans la mesure où la force majeure englobe certes les catastrophes naturelles mais elle comprend également les interventions humaines comme les grèves par exemple ou le « fait du prince ». (Houbert, 2006, p. 11)

27 https://www.dictionnaire-juridique.com/definition/force-majeure.php.

28 La définition de catastrophe naturelle est donnée par l'Insee et est consultable sous le lien : https://www.insee.fr/fr/metadonnees/definition/c1727.

devient :

> La Société n'est pas tenue responsable de l'inexécution du présent contrat, au cas où ladite inexécution résulte de façon directe ou indirecte d'un évènement de force majeure.

L'hyperonyme « force majeure » englobe non seulement *Act of God* mais aussi tout type d'interventions humaines, dont le texte anglais donne de nombreux exemples. La troisième étape (traduction) est atteinte.

UN TEXTE JOURNALISTIQUE ET *COPYRIGHT*

Le second exemple porte sur une analyse de l'expression « droit d'auteur » qui apparaît dans le texte journalistique ci-dessous :

> [...] Comme le note un avocat spécialisé, les grosses machines californiennes du calibre d'Amazon cherchent à imposer le droit anglo-saxon et se moque du droit d'auteur à la française. La firme de Seattle met les objets en vente sans prendre le moindre risque et en profite au passage pour siphonner les droits de reproduction[29].

Pourquoi la journaliste a-t-elle écrit « droit d'auteur à la française » ? Le dictionnaire Robert et Collins propose deux traductions : *copyright* et *royalties*. La même méthodologie appliquée à cet exemple permet aux étudiants de comprendre la différence fondamentale entre ces deux termes : le droit d'auteur français, qualifié de droit dualiste (Cornu *et al.*, 2003, p. 67), est composé de deux types de droit (le droit moral et les droits patrimoniaux) non partagés dans la définition de *copyright* anglo-saxon, différent à bien des égards :

> Le terme « copyright » est parfois présenté comme synonyme de celui de droit d'auteur. Il est utilisé comme tel dans les conventions internationales. Néanmoins le rapprochement est plus exact à propos des droits d'exploitation que des prérogatives de droit moral (Cornu, 2003, p. 67).

La comparaison étant impossible, le terme *copyright* reste tel quel en français et vient agrandir la liste des emprunts anglais en français du droit, tel common law.

---

29 L'article paru dans le *Canard Enchaîné* en date du mercredi 8 novembre 2016 est écrit par Odile Benyahia-Kouider.

## APPORTS DE LA JURITRADUCTOLOGIE

S'il est un apport essentiel de la juritraductologie à un cours de traduction juridique, c'est l'implication des étudiants dans le processus traductionnel. De consommateurs de traductions toutes faites, ils deviennent enquêteurs terminologiques. Les recherches initialement lexicales sur les concepts rencontrés dans les textes à traduire leur font découvrir la lecture documentaire d'articles juridiques. Et en appliquant la double stratégie comparabilité/traduisibilité à ces concepts, ils développent une méthodologie de la recherche de connaissances, de la traduction, de la rédaction et de la formulation. La juritraductologie appliquée à un cours de traduction juridique permet de proposer une traduction fonctionnelle, qui intègre les réalités culturelles de la langue cible et des différences conceptuelles entre les deux systèmes de droit concernés : elle constitue la passerelle de traduisibilité entre ces deux langues de droit.

Joëlle Popineau
Université de Tours,
Laboratoire Ligérien de Linguistique
(LLL UMR CNRS-Univ Tours 7270)
France

# L'APPROCHE GLOBALE EN TRADUCTION ÉCONOMIQUE

## L'APPROCHE TRADUISANTE

Traduire dans les sciences humaines et pour les affaires économiques est une tâche centrale des traducteurs et traductrices aujourd'hui, s'agissant d'un service social rendu par des personnes. Traduire est donc une tâche encore inachevée, un processus ; ce n'est jamais un acte automatique du transfert entre deux langues. La traduction comme activité d'une personne est basée sur la compréhension du texte original et la reformulation du message dans une autre langue. Elle s'insère dans la théorie de la traduction herméneutique (Stolze, 2011). Ce qui est traduit est l'idée du texte original compris, laquelle maintenant est cognitivement présente dans l'esprit du traducteur. Dans ce sens, celui-ci devient une sorte de co-auteur du texte et il écrit en qualité d'auteur responsable pour médiatiser le message.

Toute personne intègre dans son individualité des aspects cognitifs, sociaux et individuels. Il ne s'agit jamais seulement de la cognition, les expériences et les émotions étant là aussi pour interpréter. La compréhension ne résulte pas seulement de l'analyse des signes linguistiques et il ne s'agit pas non plus d'une pure réaction sociale à des influences de l'extérieur, soit-elle sous une domination culturelle. En tant que traducteurs, nous avons une responsabilité envers nos auteurs et aussi envers les destinataires, et pour cela nous ne pouvons pas nous contenter d'une compréhension subjective individuelle. Ceci est particulièrement vrai pour la traduction spécialisée. Elle constitue une continuation de la communication entre les savants et spécialistes au-delà des frontières du langage.

Il n'existe donc pas une relation de transfert direct entre l'original et la version traduite. Pour cette raison, une équivalence grammaticale entre des phrases – pouvant être évaluée par la retraduction littérale (*back translation*) – n'est pas applicable. Cette relation entre la traduction et l'original est plutôt indirecte : la compréhension est une sémiose, une construction cognitive du sens (Stolze, 2011, p. 41). En reformulant le message compris, le traducteur emploiera ses connaissances spécialisées et son habileté linguistique. Pour son objectif pratique, il nécessite des champs d'orientation pour son travail (Stolze, 2011, p. 105). Et cette orientation est une approche globale ou holistique.

Le premier champ d'orientation, comme point d'observation pour comprendre, envisage la *culture* source et montre comment le traducteur apporte ses connaissances scientifiques ou culturelles au texte à traduire, car il comprend ce texte « dans la lumière de ces connaissances » (Stolze, 2011, p. 70). Au lieu d'analyser la grammaire des phrases et leur syntaxe, on réfléchira d'abord sur la communauté culturelle, le pays, le temps, l'éditeur, l'auteur, le genre du texte et la forme de présentation. En communication spécialisée, le domaine scientifique (sciences naturelles ou sciences humaines), le développement historique (ancien/moderne) de la science se reflétant dans le texte, l'auteur et la source du médium sont pertinents pour comprendre de quel texte il s'agit.

Un autre champ d'orientation globale est le *discours*. On déterminera le domaine scientifique avec sa spécialisation, le niveau de communication (interne ou externe au domaine, savant ou novice), le type de texte, la présence de notes de bas de page, etc. Sans des connaissances préalables à ce sujet, on ne pourra pas comprendre et traduire convenablement.

Puis, on regarde les *concepts* prenant une perspective holistique au niveau du texte. On regardera les titres, les mots-clés, les réseaux sémantiques et les termes. En communication spécialisée, il faut prendre en compte la terminologie, l'idée spécifique dans le domaine (définition/déduction *vs* convention/interprétation du terme), les mots savants, etc.

Le *style* retiendra finalement notre intérêt, concrètement la structure des phrases et la forme syntactique. La forme de présentation de l'information, les composants du texte, la construction des phrases et les formes du passif, les actes langagiers et autres expressions indiquent le sens. La relation avec des illustrations est importante.

Le traducteur a une perspective double sur ses textes : il les voit dans leur contexte, leur culture, leur domaine de spécialisation, apportant des connaissances pertinentes, et il analyse la structure linguistique qui reflète cet arrière-plan dans un style fonctionnel. Il y a des champs d'orientation pour la compréhension mais aussi pour l'écriture. Il faut également connaître les règles de la rhétorique concernant le genre des textes et la phraséologie.

Les champs d'orientation pour écrire sont les règles de la rhétorique, c'est-à-dire « la cohérence, la médialité, la stylistique, la fonction du texte et la particularité du contenu » (Stolze, 2011, p. 153). En écrivant la traduction au fil du texte source, une première ébauche de la traduction est développée et révisée avec une vue globale adaptée à l'intention du texte traduit. Si je parle d'approche globale ou holistique du traducteur, cela veut dire qu'il ne lira pas phrase par phrase mais essaiera de comprendre le message global et de le reformuler adéquatement pour ses destinataires. Ceci sera expliqué avec des exemples cités ci-après.

## LES CHAMPS D'ORIENTATION POUR COMPRENDRE

Quant aux points d'observation comme champs d'orientation pour situer le texte, les deux premiers critères (discipline scientifique et discours du domaine) montrent comment le traducteur apporte ses connaissances du domaine scientifique au texte à traduire. Il faudra disposer de ces connaissances ou faire une recherche (Deppert, 2001). Je propose ici comme exemple un texte en anglais et sa traduction en allemand :

> (1)
> Non ferrous scrap treatment.
> *We attest that the O. scrap plant operates under the authorization n° 750… of the province L. After maximum recovery of metallic parts, due to state of the art technology, the remaining non-metallic steriles are dumped on Class I authorized site of* NNNN.
>
> Traduction à titre d'essai :
> Nicht-Alteisen Behandlung oder Die Behandlung von Nicht-Alteisen
> *Wir bestätigen, dass die O. Altwarenfabrik unter der Referenznummer (Lizenznummer) 750… des Gebiets/der Gemeinde L. arbeitet.*
> *Nach einem Maximum an Wiederherstellung/Recycling von Metallteilen, gemäß dem neuesten Stand der Technik, werden die restlichen Nicht-Metall (steriles ?), nach meiner Genehmigung, auf dem (Bau-)Platz von* NNNN *abgeladen.*

[Ceci fut présenté par une agence de traduction pour correction].

Nouvelle traduction :
Verarbeitung von Nichteisenschrott
*Wir bescheinigen hiermit, dass die Schrottverarbeitungsfirma O. gemäß Genehmigungsbescheid Nr. 750… der Provinz L. tätig ist.*
*Nach weitestgehender Rückgewinnung der Metallteile mit modernster Technologie werden die verbleibenden unergiebigen Nichtmetallteile auf der nach Klasse I zugelassenen Deponie von NNNN abgelagert.*

Sans connaissances pertinentes, on ne pourra pas comprendre ni traduire correctement. L'exemple est un certificat dans la discipline de l'industrie du métal, l'autorisation de déposer des ferrailles. Il s'agit d'un *Genehmigungsbescheid* (certificat d'autorisation à déposer) et non *„nach meiner Genehmigung"*. Le traducteur de l'agence avait interprété de manière naïve, comme pour un texte de langue générale : *„Alteisen-Behandlung, Altwarenfabrik"*au lieu de *Nichteisenschrott, Schrottverarbeitungsfirma*, ou encore *„Bauplatz"* au lieu de *Deponie*. C'était inapproprié. Avec une vision industrielle concentrée sur la discipline dès le début, on aurait mieux compris.

Pour le discours dans le domaine, comme deuxième critère d'analyse, je propose un autre exemple, un extrait de texte présenté sans aucun contexte par une agence de traduction.

(2)
*1.2 Engagement de remplacement de l'ensemble des départs sur le site jusqu'à fin 2017 et de formation des salariés permettant de développer leurs compétences et leur employabilité*

Par ailleurs, si le site de Vendôme était choisi pour l'implantation de cette ligne EPS-c, la Division Colonnes de Direction et la Société s'engagent a) à remplacer, au soin de la Société, toutes activités confondues et sous forme d'embauche à durée indéterminée, l'ensemble des départs qui interviendraient d'ici à fin de l'année 2017 afin de garantir qu'à la date du 31 décembre 2017 l'effectif minimum soit de 638 salariés (à savoir 312 MOI[7] et 326 MOD[3]). Il est toutefois précisé que ces remplacements ne se feront pas de façon linéaire au fil du temps au cours de la période 2015-2017 et que chacun de ces remplacements ne se fera pas forcément de manière automatique à la date de chaque départ. Les dates de ces remplacements seront en effet modulées en fonction de l'activité du site (avec par exemple peu de remplacements prévus en 2016 compte tenu du creux d'activité anticipé du site), de telle sorte qu'au 31 décembre 2017 l'ensemble des départs intervenus au cours de la période 2015-2017 aient toutefois été intégralement remplacés. Un point sera fait

> chaque année en lors des réunions de la Commission de Suivi (ou du Comité d'entreprise, tel que prévu au paragraphe 3.3 des présentes) au mois de mars *(« forecast 03 »)* afin de déterminer le nombre de remplacements nécessaire pour l'année en fonction des prévisions d'activité et un bilan global sera fait au 31 décembre 2017 dans le cadre du suivi du présent accord. (*…, sans source indiquée*).

La pratique professionnelle de la traduction est dure. Le matin, on reçoit une demande pour traduire le texte ci-dessus dans les trente minutes, et qui arrive le premier aura le contrat. Il n'y a ni contexte ni explication. Pour ceux qui ont déjà travaillé dans ce domaine (ou connaissent le reste du texte), ce sera assez facile, pour les autres non. Mais les agences de traduction travaillent avec tout le monde.

En analysant le texte ci-dessous, celui-ci apparaît plutôt incompréhensible pour un Allemand.

> C'est évidemment un passage extrait d'un texte plus long, ce qu'on voit au nombre de signes énumératifs : *Paragraphe 1.2 section a).* Il y a des abréviations, comme par exemple *EPS, MOI.* Est-ce un texte technique ? Nous lisons *Colonnes de Direction*, mais avec des majuscules – peut-être un nom ?, ou est-ce un texte économique (*société, salariés, employabilité*), ou même un texte juridique (il y est fait mention de *paragraphes*, *engagement*, *accord*, et indication de dates).

Cet exemple prouve qu'il faut comprendre le contenu des textes avant de pouvoir les traduire. La tâche est de trouver une forme explicitée (Weiss, 1992, p. 302). Et ceci requiert des connaissances pertinentes.

> Je dois donc faire des recherches. Mais lesquelles ? Au cours de ma lecture je détecte (ligne 4) le nom « Vendôme ». Je cherche sur internet : « Vendome » et « ligne EPS-c », et j'apprends que l'entreprise de sous-traitance ZF-Lenksysteme a une fabrique à Vendôme, dans le Loir-et-Cher, qui produira dès 2018 une nouvelle série de colonnes de direction pour Ford : maintenant le contexte est clair, le texte parle des employés à être qualifiés et des délais des mesures à être appliquées. Il devient maintenant possible de traduire ainsi le titre : *„Verpflichtung, sämtliche Abgänge am Standort bis Ende 2017 zu ersetzen und die Mitarbeiter zu qualifizieren, damit ihre Kompetenzen und ihre Verwendbarkeit gesichert werden.'*

Le reste peut être adapté dans ce sens. À la lumière des connaissances pertinentes, les éléments du texte deviennent intelligibles. (Mais en pratique, la demi-heure est déjà écoulée et je réponds trop tard.)

Ayant déterminé le champ de discours dans la discipline, on pourra préciser les concepts en tant que critère sémantique, lequel est très important en traduction spécialisée. La terminologie est décisive, car elle est liée à la discipline (Kalverkämper, 1998, p. 6), et le même mot peut avoir un sens différent, comme nous l'avons vu dans l'exemple du scrap ci-dessus.

Enfin on regarde le style fonctionnel, la structure concrète des phrases dans leur forme syntactique. Il est important de voir comment l'information est présentée, par exemple comme une instruction ou un ordre, en forme neutre ou descriptive, comme c'est souvent le cas dans les traités scientifiques. Dans l'exemple n° 2, nous avons un engagement juridique (c'est même le premier mot) employé au présent et au futur. Ceci s'avère être une information utile pour la traduction.

## LA TERMINOLOGIE EN SCIENCES HUMAINES

La terminologie en sciences humaines est construite d'une manière différente de celle en sciences naturelles ou technologiques (Jahr, 2005). En technologie, le terme a une place précise dans un système terminologique, et on peut même combler les lacunes en comparant les systèmes entre deux langues. La multitude de termes est enregistrée dans des banques de données qu'il faut consulter.

En sciences humaines, les termes proviennent souvent de la langue générale et portent une détermination spécialisée, laquelle dépend de l'opinion de l'expert (Stolze, 2009, p. 88).

> (3)
> Par exemple : Qu'est-ce que c'est *l'inflation ?* Cette notion est déterminée : ou comme simple hausse de prix, ou comme réaction à un manque de produits, ou comme un surplus de demande sur l'offre, ou comme le résultat de la quantité monétaire distribuée, etc., tout cela selon l'opinion savante de l'auteur respectif du livre correspondant. Ce n'est pas un problème de traduire le mot « inflation » plus ou moins similaire dans les langues, il s'agit de connaitre la théorie derrière le texte de cet auteur.

En sciences humaines, le travail n'est pas exécuté en laboratoire ou en milieu naturel mais plutôt dans les bibliothèques, car il s'agit souvent de commentaires sur des textes existants. La masse des livres publiés, qui discutent les théories savantes des autres et dont les bibliothèques sont remplies, croît constamment. La cohérence sémantique du texte à traduire requiert cette théorie d'arrière-plan et la formulation correspondante. La terminologie offre une plausibilité à comprendre provisoirement, mais elle est susceptible d'une nouvelle interprétation : les termes sont convenus par discussion entre les spécialistes disciplinaires. Dans l'exemple n° 2 ci-dessus, le « remplacement des salariés » est défini expressément dans le texte assez juridique.

Le traducteur doit réfléchir à ceci dans son travail. Le problème est que, dans les textes à traduire, il y a toujours des termes scientifiques à côté de mots normaux et issus des sciences humaines. Le traducteur devra déterminer de quelle catégorie de mots il s'agit.

Les sciences humaines, comprenant des disciplines comme la philosophie, la théologie, l'économie, le droit, l'histoire, la psychologie, la sociologie, la politique, etc., concernent des idées, processus et développements qu'on ne peut pas voir (Stolze, 2009, p. 83). Le terme renvoyant à une notion scientifique est situé dans une théorie académique, et ces théories évoluent dans le discours dialectique. La langue elle-même est un moyen de la connaissance ici, et les théories font souvent référence non pas à des objets dans le monde extérieur mais au comportement des hommes. En ce qui concerne la langue de l'économie, on a souvent analysé des textes de la presse sur des sujets économiques et identifié cela avec la langue de l'économie (Hundt, 1998, p. 99). D'autre part, le cœur de la langue économique se trouve plutôt dans les traités scientifiques, les bilans, les formulaires et les contrats de vente comme sources authentiques :

> *Wirtschaftssprache manifestiert sich nicht als Fachwortschatz, sondern in Fachtexten.* (Gläser, 1998, p. 205)[1]

Cette orientation humaine est la raison pour laquelle on utilise des mots de la langue générale tout en définissant précisément la notion savante dont on parle (Randow, 1990, p. 146). Ainsi les mots, à première vue familiers, ont une plausibilité initiale pour être compris ; ce sont des mots généraux ayant une définition particulière, mais leur signification est accordée par convention parmi les spécialistes. Il arrive que le même mot

1 « La langue de l'économie se manifeste non comme terminologie, mais dans des textes spécialisés » [Notre traduction].

ait une signification différente en fonction des personnes qui l'utilisent. Parfois, les mots sont vagues (Gerzymisch-Arbogast, 1989, p. 190).

Les termes sont donc précisés dans le discours et ouverts à interprétation. Une modification du sens est toujours possible, avant d'utiliser un nouveau terme. Néanmoins, ce discours académique spécifique aux sciences humaines suit les règles du style fonctionnel au discours scientifique en général, c'est-à-dire il faut parler et écrire de manière précise, impersonnelle et intelligible. Des formes linguistiques créatrices ou littéraires sont globalement à proscrire parce que le contenu doit primer.

## LES CHAMPS D'ORIENTATION POUR ÉCRIRE

Lorsque l'on est convaincu d'avoir compris le texte, on pourra procéder à écrire la traduction. Je reviens encore une fois au système des champs d'orientation mentionné plus haut. Le premier but de la traduction sera de construire un texte cohérent ; sinon il ne sera pas utile pour la communication.

La cohérence de la traduction est obtenue par une cohérence sémantique et logique au niveau du texte pour produire un texte cohérent dans l'ensemble de ses idées et arguments, et non seulement phrase par phrase. En tout cas, il faudra chercher à atteindre une équivalence terminologique. Alors que la terminologie exacte est primordiale dans la traduction scientifique et technique, il n'est pas question le plus souvent de consulter des bases de données en sciences humaines. De plus, le traducteur doit disposer de connaissances sur la composition des termes dans les sciences en général pour que ses textes acquièrent une certaine autorité et ne sonnent pas faux. Il y a même la composition fonctionnelle qui est intéressante entre les langues.

(4)
**DE** 1-2-3-4 : Bremsstörungskontrolllampe
**EN** 1-2-3-4 : brake failure warning lamp
**FR** 4-3-2-1 : témoin détecteur d'incident de frein
**IT** 4-3-2-1 : lampada pilota di disturbo del freno
**PG** 4-3-2-1 : lâmpada de controle de folha de freio

C'est un système standard qui nous aide à construire de longs termes scientifiques et à les reconnaître dans les textes à traduire. Dans les langues romanes, comme le français et l'italien, il y a aussi l'adjectif de relation, qui n'indique pas une qualification mais une relation (Forner, 1992, p. 214), par exemple élections du président – élections présidentielles – *Präsidentschaftswahlen*. La composition des substantifs existe en allemand, à la différence du français qui utilise l'extension des substantifs avec de ou à. Ce sont des considérations formelles mais importantes pour parvenir à des textes spécialisés adaptés à la communication. Assez souvent les traducteurs généralistes ne font pas attention à cela.

(5)

| | |
|---|---|
| le mouvement de hausse des prix<br>➢ *Preissteigerungsprozess* | *Bewegung der Erhöhung der Preise |
| la hausse des dépenses<br>➢ *Ausgabenerhöhung* | *Steigerung der Ausgaben |
| la hausse des matières premières<br>➢ *Rohstoffverteuerung* | *Preisanstieg bei den Rohstoffen |
| le déficit de la balance des paiements<br>➢ *Zahlungsbilanzdefizit* | *Defizit in der Zahlungsbilanz |

Si l'on traduit phrase par phrase, la cohérence globale du texte se perd facilement dans la traduction. Je vais citer un exemple de Franck Barbin (2014) qui prouve ce phénomène, une phrase tirée d'un article de psychologie en anglais :

(6)
*Children in the sample included males and females that were between 8 and 14 (mean 11.26) years.*

On peut, selon Barbin (2014), le traduire littéralement :

« Les enfants de l'échantillon comprenaient des garçons et des filles âgés de 8 à 14 ans (moyenne de 11,26). »

Cependant, le mot *included* en anglais est ambigu. La phrase isolée comme contexte direct du mot pourrait laisser penser que l'échantillon comprenait aussi des adultes. Mais une lecture d'orientation globale permet de remarquer que, deux pages plus tard dans l'article, l'auteur dit que : "*A heterogeneous sample of children with working memory impairments (mainly ADHD) completed the standard protocol"*, ce qui prouve que ledit échantillon comprenait seulement des enfants.

Nous comprenons que le sens voulu dans un texte est créé au niveau de l'ensemble du texte, et la traduction de la phrase devient ainsi :

> « L'échantillon était constitué d'enfants de sexe masculin et féminin âgés de 8 à 14 ans (âge moyen de 11,26). »

Une traduction en allemand donnerait par exemple :

> *Die Stichprobe bestand aus Jungen und Mädchen zwischen 8 und 14 Jahren (Durchschnitt 11,26 Jahre).*

La perspective double du traducteur, que j'ai mentionnée, prouve qu'une vue globale du message doit se combiner à une analyse exacte des mots polysémiques, comme ici *included*. Je dirais même qu'une approche herméneutique holistique exclurait dès le début la première version de la traduction.

Outre la cohérence, il faut observer la stylistique. En ce qui concerne la médialité, souvent les clients dans l'industrie déplorent que les traducteurs ne respectent pas les règles de communication, de la maquette typographique, l'espace disponible, les illustrations ou le rôle de l'hypertexte, etc. Il faudra chercher à produire un texte qui soit plus ou moins de longueur égale par rapport au texte source. Il y a même des prescriptions légales pour certains traductions qui doivent être observées. Quelques traducteurs se concentrent seulement sur le transfert du texte. Mais ceci n'est pas suffisant en économie. Il faudra aussi prendre en considération la macrostructure des textes, le style fonctionnel, la phraséologie en langue cible, les formes accentuées, les constructions au passif, l'explicité, la langue contrôlée, s'il y en a besoin (Stolze, 2009).

En révisant son ébauche de traduction, le traducteur devra veiller à la fonction du texte voulue pour éliminer toute erreur, notamment lorsqu'il traduit un dossier de presse sur les banques ou un contrat de vente. Cependant, en langage économique, la « fonction du texte » n'est pas toujours absolument claire. Comme il existe une multitude de personnes qui travaillent dans l'économie, on peut ainsi trouver des textes intégrant plusieurs fonctions en leur sein (Beneke, 1988, p. 208). Tout le monde parle d'économie et pense pouvoir la comprendre. Assez souvent la communication économique a lieu dans les textes de relations publiques (Pütz, 1990). Ceci peut mener à des formes linguistiques incohérentes à première vue, comme le démontre mon prochain exemple tiré d'un texte d'une société allemande dans l'industrie chimique (*Wella, Customer Bulletin* 2008).

> (7)
> Erstmals als Granulat : pflanzliche Haarfärbemittel
> *Naturprodukte stehen in der Gunst der Verbraucher weit oben. Dies gilt auch für Farben aus der Natur. Pflanzenfarben fürs Haar zum Beispiel sind ein bewährtes Kosmetikum : Schon im alten Ägypten haben vornehme Damen sich ihre Haare mit Henna gefärbt. Seit wenigen Wochen bietet N. bundesdeutschen Friseuren mit „Living Colors Pflanzenhaarfarbe"nicht nur erstmals ein pflanzliches Haarfärbemittel als Markenartikel, sondern eine völlig neue Dienstleistung. „Wir sind weltweit das erste Unternehmen, das Pflanzenhaarfarbe als Granulat auf den Markt gebracht hat", sagt Karsten Wachowitz (Produktmanagement Kabinett Farbe). Die wesentlichen Vorteile des Granulats - es sieht aus wie löslicher Kaffee – gegenüber dem Pulver : geringste Staubentwicklung und damit kaum Inhalation, exakteres Dosieren, besseres Zubereiten und Anwenden sowie leichtes Ausspülen.*
> *Krappwurzel, Indigo, Henna, Kamille und Salbei sind nur einige von vielen Rohstoffen für die naturreinen, qualitativ hochwertigen Farben von „Living Colors". Unter anderem kommen sie aus Indien, Indonesien, Mexiko und dem Vorderen Orient. Alle Pflanzen werden aus kontrollierten Anbaugebieten bezogen.*
> *Die Bestandteile sind frei von synthetischen Farbstoffzusätzen und Konservierungsstoffen und untersucht nach dem Lebensmittelgesetz. Basierend auf Henna stehen in Kombination mit anderen Rohstoffen elf Nuancen zr Verfügung, die im Salon miteinander gemischt werden können. Durch ein patentiertes Verfahren ist es möglich, mit „Pre-Color"und dem pflanzlichen Haarfärbemittel selbst den Weißanteil im Haar ohne Oxidation farblich dauerhaft zu verändern.*

Ce texte, qui est un rapport de gestion d'une entreprise allemande spécialisée dans les produits de coiffure, est paru dans le bulletin d'informations de cette entreprise, destiné aux employés mais aussi à la presse locale pour informer le grand public. (De plus, il est également publié en anglais pour les partenaires commerciaux internationaux, ce qui implique d'avoir à le traduire dans cette langue.)

> Le texte combine trois fonctions : 1) informations pour les clients et relations publiques pour créer un climat de confiance, linguistiquement instauré par la référence à des produits naturels et par des citations d'experts ; 2) indications techniques pour les employés de salons de coiffure sur les nouveaux produits, par des termes techniques spécialisés et 3) informations marketing pour les

> gens de la vente sur la ligne des produits et l'esprit d'entreprise de cette société, par des termes de marketing.

Nous observons donc trois fonctions dans un même texte : l'information pour le public sur les nouveautés en chimie pour gagner sa confiance, des indications spéciales pour les coiffeurs, et des informations commerciales pour la mise sur le marché. Une phrase dans ce texte du type : *„Die wesentlichen Vorteile des Granulats, es sieht aus wie löslicher Kaffee“* (les avantages essentiels du granulat qui ressemble au café soluble) montre cette mixité d'informations. Une telle phrase isolée semble assez inadéquate dans un texte de communication spécialisée. Mais elle correspond à la caractéristique pertinente de ce texte. Si l'on accepte cela, on pourra ainsi le traduire.

Le discours comme champ d'orientation est important en économie car il n'y a pas de groupes clos. À l'époque moderne, nous voyons la forte influence de l'anglais dans ce domaine. Dans la formulation de C.V., il est courant de se présenter comme compétent en management. On utilise des mots-clés du monde des affaires, comme *Akquirieren, Entscheidungsträger, Netzwerk, Projekte, Deadline* ou *Führungsstil*, mots qui ne sont pas très usuels dans le langage courant.

En retournant finalement au niveau global de la traduction, on examinera la particularité du contenu. Il est toujours possible à ce stade d'éliminer des expressions inadaptées dans le domaine. La cause de nombreuses erreurs est un manque de vue globale sur le texte.

## CONCLUSION

La traduction en sciences humaines, et pas seulement en économie, requiert des connaissances concernant l'arrière-plan des théories implicites ainsi que des connaissances rhétoriques pour formuler un texte spécialisé permettant la communication entre les spécialistes et le grand public. L'approche globale permet une compréhension holistique du message et une formulation authentique de la traduction, envisagée comme un texte dans son intégralité, selon le style fonctionnel du genre, et non uniquement comme une simple collection de phrases.

Chaque texte individuel montre une problématique spéciale. Il faudra prioriser les divers aspects : par exemple, dans un certain texte le problème le plus important peut être la terminologie spécialisée ; dans un autre texte c'est le style individuel de l'auteur ; dans un troisième il y a une phraséologie juridique assez compliquée ; dans un quatrième le focus est sur l'idéologie politique dans les concepts mentionnés, etc. Il faudra déterminer le problème prédominant.

En révisant sa traduction, on observera la fonction du texte pour éliminer toutes expressions inadéquates. Avec une perspective holistique sur sa traduction, on se demandera si cette fonction voulue est aussi réalisée dans la traduction concrète et si celle-ci peut être compréhensible pour les lecteurs visés. Naturellement, on ne pourra jamais imposer ou forcer un sens précis à ces lecteurs, parce qu'eux aussi ont leurs propre savoir et connaissances.

Radegundis STOLZE
Technische Universität Darmstadt
Allemagne

# LES CORPUS AU SERVICE DE LA TRADUCTION JURIDIQUE

## INTRODUCTION

Les corpus représentent une richesse immense pour un traducteur, face à un texte nouveau, dont il ignore les traits caractéristiques, le genre, la typologie textuelle. Cette possibilité s'avère également utile pour un traducteur juridique, tenu de connaître la terminologie, la phraséologie du domaine et les pratiques de rédaction, dans la langue de départ et dans celle d'arrivée, pour garantir une traduction d'expert.

Travailler à l'aide de corpus peut apporter une méthodologie de traduction efficace, pour que le traducteur puisse accomplir sa tâche « impérative » de créer une équivalence, non seulement au niveau linguistique, mais aussi fonctionnel, et que le message et le but sous-jacents au texte de départ soient transférés, transposés dans le texte d'arrivée.

Après un bref aperçu des recherches ayant montré l'utilité des corpus pour la traduction, nous présenterons des cas concrets, tirés de deux corpus juridiques comparables français-italien. Nos remarques évoqueront la perspective d'un traducteur opérant du français vers l'italien et nous porterons notre attention sur des exemples de termes et d'unités phraséologiques spécifiques du domaine du Droit, en proposant des solutions issues du corpus, via les suggestions mêmes de sa structure sémantico-syntaxique.

## THÉORIES DU CORPUS

La première à souligner l'importance des corpus de grande taille pour la traduction est Baker (1993) qui a souligné *"the nature of cotranslated text as a mediated communicative event*[1]*"* (p. 243). Grâce à sa réflexion sur les applications variées du corpus en traductologie et en traduction, de nombreuses contributions de chercheurs ont ensuite alimenté le débat pour l'élargissement de la recherche au bénéfice des traducteurs.

Au début, la discussion en traductologie a porté sur la langue des textes traduits, considérée comme un troisième code et différenciée de la langue originale dont on peut étudier les caractéristiques avec les outils de la linguistique de corpus (Baker, 1998 ; 1999 ; Laviosa, 1998 ; Tymoczko, 1998 ; Olohan, 2004 ; Mauranen, 2007). Le but de ces études était de comprendre les intentions, les contraintes et les motivations sous-jacentes à l'acte de traduire, ce qui en fait un langage à part, avec ses propres traits distinctifs et règles : sa métalinguistique. Cependant, ces réflexions ont laissé de côté les genres, les discours, ainsi que la formation et les outils des traducteurs (Kübler, 2014).

Quant aux études qui concernent directement la traduction et le traducteur, certaines ont montré de façon remarquable l'utilité des corpus pour la validation des choix de traduction. Dans ce sillon, celle de Bowker (2001) met en évidence les avantages de la compilation d'un « corpus d'évaluation », pour la comparaison des choix de traductions des étudiants. Par ailleurs, celle de Varantola (2003) étudie l'observation des corpus comme étape fondamentale de la résolution de cas problématiques, liés au contexte.

D'autres études ont abordé les questions de terminologie et de phraséologie, pour trouver des équivalents dans les corpus, ou encore, dans leurs aspects stylistiques (Pearson, 1998 ; Varantola, 2000 ; Kübler & Aston, 2010 ; Kübler, 2011). Tous ces travaux, qui visent à mettre le corpus en avant, à le faire parler, sont novateurs, dans la mesure où :

> *While recent years have seen considerable corpus-based research in the field of translation studies, aiming to identify the peculiar characteristics of translated texts qua*

---

1 « la nature du texte traduit en tant qu'événement de communication médiatisé » [Notre traduction].

> *products* [...], *much less has been done to study translating qua process* [...][2] (Kübler et Aston, 2010, p. 505)

Dans cette perspective, l'attention est déplacée du produit fini au processus cognitif engagé pour y parvenir, et aux méthodes qu'un traducteur peut mettre en place pour traduire, en se servant des corpus. Suivant cette orientation « active », en raison du rôle dynamique qu'ils jouent dans le processus de traduction, nombre de linguistes ont réfléchi à la formation des traducteurs professionnels. L'étude pilote de Aston (1999) a abordé cette question en soulignant la nécessité, pour le traducteur, de développer des compétences et une intuition spécifiques pour résoudre les problèmes de transposition du sens d'un idiome à un autre. Depuis, une série de recherches a été effectuée, notamment pour montrer concrètement les fonctionnalités des corpus et les outils mis au service de la traduction (Bernardini, 2006 ; Zanettin, 1998 ; 2003 ; Kübler, 2002 ; 2003 ; 2004 ; Kübler *et al.*, 2010).

Les travaux de Pontrandolfo sur les corpus judiciaires (Pontrandolfo, 2015 ; 2012 ; Goźdź-Roszkowski et Pontrandolfo, 2015) s'inscrivent dans le cadre de cette orientation active qui vise à faire parler les textes mêmes, afin d'en tirer des observations pertinentes pour la description de la langue juridique de l'italien, de l'anglais et de l'espagnol, et pour leur traduction. Ses études sur la phraséologie spécifique du contexte judiciaire et sur les expressions de l'évaluation, dans les jugements des Cours ont contribué à promouvoir, de façon décisive, un mode d'analyse d'un discours et d'un genre ; elles ont également donné un élan significatif à l'approche par corpus.

Malgré leurs avantages énormes pour les traducteurs et la possibilité de réaliser une analyse quantitative et qualitative fine, l'approche par corpus reste peu connue, actuellement. À ce propos, la réflexion que nous développons dans ce chapitre plaide pour ce type d'étude, en analysant des termes et des unités phraséologiques susceptibles d'être pertinents pour comprendre le transfert de sens d'une langue à l'autre, lors de la traduction elle-même, et pour des questionnements propres à la traductologie.

---

2 « Récemment, nombreuses ont été les recherches centrées sur l'étude des corpus dans le domaine de la traductologie visant à identifier les aspects caractéristiques des textes traduits en termes de résultat [...], tandis que très peu a été fait pour étudier la traduction en tant que processus [...] ». [Notre traduction]

## CADRE DE LA RECHERCHE

Les remarques que nous proposons sont issues d'une recherche qui consistait à retrouver et à analyser les collocations dans deux corpus juridiques : les arrêts des Cours de cassation française et italienne.

La définition de collocation élaborée par la linguistique de corpus (Sinclair, 1991, 1996, 2004), en particulier, a été fondamentale pour concevoir cette recherche. Plus précisément, nous avons pris en compte une conception « extensive[3] » du vocable, où la phraséologie est considérée comme la discipline qui étudie la collocation dans toutes ses réalisations : les phénomènes collocationnels, du lexique à la pragmatique. Dans cette optique, nous définissons la collocation, *stricto sensu*, comme la cooccurrence statistiquement significative de deux mots ou plus, dans un texte, la colligation comme la cooccurrence de mots qui entretiennent des liens syntaxiques. La préférence sémantique se définit comme la cooccurrence de mots appartenant à une classe sémantique déterminée, et la prosodie sémantique comme la valeur, positive ou négative, qu'un mot acquiert au contact d'autres.

Cette conception paraît pertinente, car elle permet de suggérer des solutions méthodologiques pour la traduction des textes juridiques, et plus précisément judiciaires. En effet, la collocation, telle que conçue dans le cadre de la linguistique de corpus et des théorisations de Sinclair, permet d'avoir un panorama global des modalités de construction d'un discours et d'un genre. Autrement dit, suivant cette approche, la collocation devient non seulement un objet d'étude, mais aussi un outil de recherche efficace qui amène le linguiste à explorer les couches, dont le texte se compose, et à réfléchir également aux nombreuses possibilités de combinaisons que les mots ont en contexte.

La collocation et les corpus placent alors le traducteur dans une position privilégiée, pour connaître les mécanismes de rédaction et de combinaison de la langue de départ et de celle d'arrivée et de les reproduire dans le processus de traduction.

---

3 Sinclair appelle son modèle *"the extended lexical unit"*, qui prévoit pour la collocation une réalisation ne s'arrêtant pas au niveau lexical et syntaxique.

Nous avons analysé dans notre corpus les décisions de justice rendues en dernier ressort : les arrêts des Cours de cassation, française et italienne. Dans les deux langues, ces derniers concernent la période 2001-2011, et rassemblent 1 936 textes pour chacune. En revanche, pour les deux corpus, le nombre de mots est différent : 1 702 763 pour le corpus français et 2 394 356 pour l'italien. La raison de ce déséquilibre réside dans notre choix de faire ressortir des styles différenciés dans la rédaction des arrêts des Cours de cassation, dans les deux pays, et de donner une idée de l'écart concernant, non seulement les deux idiomes, mais aussi les deux héritages juridiques et culturels. Malgré ce déséquilibre, les deux corpus sont comparables, car ils présentent les caractéristiques suivantes : appartenance au même domaine et au même genre, taille, situation de communication (Biber, 1988).

## DE LA PAROLE AUX CORPUS

Les exemples présentés dans cette section témoignent de l'absence d'une équivalence formelle entre le français et l'italien et concernent les niveaux terminologique, collocationnel et, plus généralement, phraséologique. Ces niveaux pourraient aider un traducteur à se repérer dans la complexité du domaine et, plus spécifiquement, dans le genre du texte objet de l'étude, en vue de lui fournir une méthode de travail venant de l'observation des corpus et de l'analyse des résultats.

### TRADUIRE LES TERMES

Le cas du terme « moyen » et de son équivalent en italien témoignent de l'efficacité des corpus lorsqu'on travaille dans le domaine de la traduction et que l'on est obligé de trouver dans la langue d'arrivée un terme équivalent à celui de la langue de départ.

Avec 6 897 occurrences (0,40 % sur l'ensemble des autres mots du corpus français), « moyen » est l'un des mots-clés du corpus des arrêts français. Quant à sa définition : « les moyens sont les raisons de droit et de fait invoquées par les parties à l'appui de leurs prétentions. » (Bissardon, 2013, p. 446) Dans le contexte spécifique de la Cour de cassation, ces raisons représentent les arguments à la base du pourvoi des parties.

En langue générale, « moyen » correspond usuellement à « *mezzo* », mais une recherche approfondie du terme dans des dictionnaires juridiques montrent que le terme simple « *mezzo* » est remplacé par le terme complexe « *mezzo/i di impugnazione* » ou bien que l'on préfère employer d'autres vocables faisant partie de la même classe sémantique, comme *appello* et *impugnazione*.

La recherche de « *mezzo* » dans le corpus italien et l'observation de son profil collocationnel nous a permis de mettre en lumière deux remarques importantes. La première est que, parmi ses signifiés, « *mezzo* » possède celui d'argument des parties et, notamment, lorsque le terme entretient des liens syntaxiques – se trouve en colligation – avec des adjectifs numéraux ordinaux : il tend à former un complément adverbial instrumental et cardinal, quand il est complément de verbes tels que *formulare* (formuler), *dedurre* (tirer), *rilevare* (relever), *affidare a* (confier à), *articolare* (articuler) et d'autres encore, comme dans l'exemple suivant :

1. *Con il primo mezzo il Comune ricorrente ha rilevato la violazione e falsa applicazione dell'art. 5 co. 3^e 4^e dell'art. 11 co. 1 D. Lgs. n. 504/92* [...];

Seconde remarque : dans ces deux emplois, « *mezzo* » est synonyme de « *motivo* », un autre terme-clé du corpus, car les deux partagent des collocats[4] dans le même contexte. En outre, « *motivo* » semble être plus employé que « *mezzo* » ; nous pouvons donc supposer que « *moyen* » a deux équivalents, « *motivo* » et « *mezzo* », « *motivo* » étant le mieux approprié, en raison de sa fréquence d'emploi dans un contexte équivalent au terme français.

« Motif(s) » devrait avoir un équivalent direct en italien dans le terme *motivo(i)*. Par ailleurs, le terme a beaucoup d'attestations dans le corpus des arrêts en italien, tant au singulier qu'au pluriel. Cependant, *motivo(i)* traduit le terme « moyen ». L'étude des contextes des termes, « motif(s) » d'une part et « motivation » et leurs équivalents présumés *motivo(i)* et *motivazione* de l'autre, nous ont permis de voir que l'emploi n'est pas tout à fait correspondant et qu'il y a des différences, dues certainement à un autre usage dont il faut tenir compte, notamment lorsque l'on traduit dans le domaine judiciaire.

4 Les collocats sont les mots qui figurent en collocation avec un mot-clé, appelé « nœud ».

En revanche, nous avons détecté un profil collocationnel similaire entre « motif(s) » et *motivazione*. La colligation et la préférence sémantique pour des adjectifs d'évaluation sont déjà deux indices d'une équivalence possible entre les deux termes. Plus précisément, aussi bien « motif(s) » que *motivazione* se trouvent dans un contexte où l'on exprime une appréciation sur la légalité de la décision. Si « motif(s) » est en collocation avec *inopérant*, *erroné*, *surabondant*, *propres*, *impropres*, *motivazione* se combine avec *omessa (omise)*, *insufficiente (insuffisante)*, *contraddittoria (contradictoire)*, *adeguata (adéquate)*, *congrua (congrue)*, *logica (logique)*, *illogica (illogique)*, etc. D'où nous posons l'hypothèse que *motivazione* puisse être considéré comme équivalent du français « motif(s) » ; on fait donc référence à l'ensemble des raisons que les juges donnent pour motiver leur décision. Un autre argument, qui confirme cette hypothèse, s'appuie sur les données statistiques : *motivazione* est l'un des mots-clés les plus fréquents de la liste, alors que son équivalent français présumé, « motivation », n'en fait pas partie. À vrai dire, il est à noter que le terme « motivation » est prévu dans la décision de justice française, mais uniquement avec une valeur textuelle. Cela signifie que la « motivation » désigne la partie du texte qui recueille toutes les raisons accordées par le juge à sa propre décision. En italien, cette acception du terme existe également mais celle qui domine dans le corpus fait allusion sans doute à l'ensemble des arguments des juges.

## TRADUIRE LES PHÉNOMÈNES DE COLLOCATION

L'exemple de la collocation « diriger un pourvoi » est significatif car les deux termes figurent toujours ensemble (48 occurrences, soit 1,67 % du corpus total) dans une construction syntaxique passive qui présente une colligation et une prosodie sémantique propres :

1. DECLARE IRRECEVABLE le pourvoi en ce qu'il est dirigé contre l'arrêt du 24 mai 2000 ;
2. Donne acte à M. X... du désistement de son pourvoi en ce qu'il est dirigé contre Mme G... Y... mandataire liquidateur de M. Z..., et contre ce dernier ;

La collocation ne figure que dans la construction syntaxique visible aux exemples (2) et (3), le verbe « diriger », sous d'autres formes, se combinant avec d'autres unités lexicales, dans d'autres phrases du corpus. Pour ce qui est de la colligation, « pourvoi » est en collocation avec « diriger », qui figure dans une proposition complétive. Pour ce qui concerne la prosodie sémantique, en revanche, elle est négative, en raison de la présence de mots tels que « irrecevable » et « désistement » qui renvoient à l'impossibilité de présenter le pourvoi.

Ces constructions ne marquent pas « *ricorso* », le terme italien équivalent de « pourvoi ». Sachant que « *dirigere un ricorso* », collocation qui traduit littéralement « diriger un pourvoi », n'a pas d'attestation dans le corpus, nous avons choisi la collocation « *proporre ricorso* ». Ce choix est obligatoire, bien que nous soyons consciente de la perte de connotation négative, caractéristique du français. En outre, en considération de l'extrême productivité de la construction implicite avec le participe passé du verbe, qui remplace une proposition relative, nous proposons la traduction suivante pour la phrase de l'exemple (2) :

> DECLARE IRRECEVABLE le pourvoi en ce qu'il est dirigé contre l'arrêt du 24 mai 2000 ;
>
> « *DICHIARA INAMMISSIBILE il ricorso proposto contro la sentenza del 24 maggio 2000.* »

TRADUIRE LES VERBES MODAUX

Les verbes modaux dans les corpus français et italien sont employés différemment, ce qui suggère aussi une manière différente d'exprimer le déontique dans le message. Si le français a recours à des expressions qui relèvent de l'inévitabilité de la décision à prendre et qui manifestent un caractère péremptoire apparemment plus nuancé, l'italien préfère exprimer l'obligation de prendre une décision déterminée. Plus précisément, en français, nous avons relevé des constructions avec « pouvoir » et « être », dans les unités phraséologiques (UP), à savoir des séquences plus longues caractérisées par un degré de figement plus ou moins total, exprimant un point de vue sur les moyens et le pourvoi des parties, comme dans les exemples (4) et (5) :

1. D'où il suit que son pourvoi est irrecevable ;
2. D'où il suit que le moyen ne peut qu'être écarté ;

En revanche, l'italien a recours à des constructions avec « *dovere* » (devoir) :

3. *In conclusione il ricorso deve essere respinto.*
4. *Il motivo deve quindi essere respinto*

Il s'agit de remarques formulées déjà par Volclair (2000) dont nous avons relevé des exemples dans nos deux corpus comparables et que nous complétons par d'autres données tirées de ces derniers. Par exemple, le corpus italien montre que la colligation <terme + devoir> est plus productive pour « *ricorso* » (480 occurrences, soit 3,25 % sur l'ensemble des occurrences de « *ricorso* ») que pour « *motivo* » (63 occurrences, soit 1,37 % sur l'ensemble de celles de « *motivo* »). Ce dernier terme a tendance à régir une phrase attributive avec *essere* suivi, notamment, des adjectifs « *fondato/infondato* ». Par conséquent, le rédacteur italien préfèrera des UP du type « *il motivo è fondato/infondato* » et « *il ricorso deve essere respinto/rigettato* », ou bien « *il ricorso deve essere accolto* ».

Le verbe « *potere* » présente également une large palette d'emplois, pour indiquer la possibilité ou l'impossibilité d'accomplir une action (*Premesso, invero, che il GUP ben può procedere*) et pour exprimer un raisonnement (*Il capo di imputazione può ritenersi senz'altro completo nei suoi elementi essenziali*), mais il s'agit d'usages qui ne relèvent pas du déontique propre aux UP que nous venons d'analyser.

Le traducteur devra prendre en compte ce décalage sémantique, pragmatique et sa spécificité, en prenant soin de faire apparaître, en italien, la force du caractère déontique et performatif, exprimé différemment en français.

## CONCLUSION

Les exemples proposés montrent qu'unir une analyse quantitative à une analyse qualitative via l'aide des corpus permet d'élaborer une méthode convaincante, tant en linguistique qu'en traductologie. Autrement dit, l'analyse du profil de collocation de mots caractérisant un domaine, juridique ici, et la prise en compte de leurs liens lexicaux, syntaxiques, sémantiques et pragmatiques, mettent en évidence leur comportement en contexte et suggèrent des solutions sémantiquement pertinentes, pour la traduction.

Gabriella SERRONE
Université de Cassino,
Pôle didactique de Frosinone
Italie

# OPTIMISATION TERMINOLOGIQUE DANS LA TRADUCTION DE SITES WEB D'ENTREPRISES

## INTRODUCTION

Avec la mondialisation de la vie économique et l'essor d'Internet, les traducteurs d'aujourd'hui sont de plus en plus sollicités pour participer à des projets de traduction/localisation de sites web, éléments essentiels de l'expansion et de la communication internationale. Curieusement, ce secteur d'activité, qui a connu un développement très dynamique depuis la mise en ligne en 1990 du premier site web[1] créé par Sir Tim Berners-Lee, ne bénéficie pas d'un intérêt proportionnel de la part des chercheurs, ni des enseignants de la traduction. Un ouvrage intitulé *Web translation as a genre*, publié en 2009 par la Direction générale de la traduction (DGT) de la Commission européenne, souligne explicitement que "*Writing for the web is the subject of great amounts of literature. [...] Though much less has been written on the actual translation of web texts*[2]" (DGT, 2009. p. 6). Ce document, qui identifie comme un « genre » à part ce qu'il convient d'appeler *web translation* en anglais, se base sur les expériences pratiques de dix traducteurs et éditeurs web de l'UE. Parmi les caractéristiques clés de cet ouvrage, il faut noter l'intérêt porté au facteur humain dans la traduction des sites web, facteur qui est resté souvent occulté dans les études parues sur ce type d'activité pendant les vingt dernières années.

Les travaux publiés autour de l'an 2000 (Gambier & Gottlieb, 2001 ; Cattrysse, 2001 ; O'Hagan, 2004) se sont d'abord focalisés sur les aspects

1 http://info.cern.ch – En 2013, le CERN a remis en service ce site et l'a rétabli à son adresse d'origine.

2 « La rédaction pour le web a fait l'objet de nombreuses études. [...] Mais peu portent sur la traduction de textes pour le web » [Notre traduction].

multimédia et multi-sémiotiques des sites web, et insistaient sur l'importance de l'intégration, dans les sites traduits, des éléments verbaux et non-verbaux (iconiques, graphiques, acoustiques, etc.). Par la suite, les chercheurs se sont de plus en plus intéressés aux aspects technologiques de la communication multilingue et multimodale (Pym *et al.*, 2006 ; Dimitriu & Freigang, 2008), puis à l'utilisation rentable et efficace des outils d'aide à la traduction dans ce domaine (Mileto & Muzii, 2010). Ce focus avant tout technologique se reflète aussi dans l'émergence du concept, et aussi du terme industriel, de « localisation » (Esselink, 2000 ; Cronin, 2003 ; Pym, 2004 ; Gouadec, 2003 ; 2009), qui rapproche la traduction de sites web de la localisation d'autres produits digitaux tels que les logiciels informatiques et les jeux vidéo. Cependant, certaines études sur la localisation de sites s'intéressent plutôt à la dimension culturelle et/ou communicationnelle de cette activité : la publication de la DGT (2009) insiste sur l'importance de l'adaptation du contenu « européen » au contexte culturel des visiteurs des sites de l'UE, tandis que plusieurs auteurs (Garzone, 2009 ; Guidère, 2009 ; 2010) envisagent la traduction des sites web dans le cadre de la communication multilingue à caractère publicitaire. Ces approches privilégient les aspects créatifs qui rapprochent la traduction de sites web de l'activité de *trediting* (DGT, 2009) ou, plus récemment, de la transcréation (Rike, 2013).

Malgré l'apparition de quelques travaux empiriques (Bouffard & Caignon, 2006 ; Jimenez-Crespo, 2009) et la publication par ce dernier d'un ouvrage général sur la localisation de sites web (Jimenez-Crespo, 2013), la remarque de Guidère (2009, p. 422) est toujours d'actualité :

> La rareté des recherches dans ce domaine contraste avec l'abondance de matière première disponible pour l'étude et l'analyse.

Pour pallier le manque d'études empiriques dans ce domaine, le présent chapitre s'inscrit dans un projet de recherche :

- basé sur un corpus bi- ou trilingue (français et/ou anglais et hongrois) de sites web commerciaux et institutionnels ;
- visant à enrichir la réflexion sur les spécificités de la traduction-localisation de sites web, dans une optique peu étudiée jusqu'à présent : la communication d'entreprise. Par communication d'entreprise, nous entendons toutes formes de communication d'une organisation à destination de ses publics externes et internes, dont nous examinons

les aspects relatifs à l'utilisation d'un canal spécifique : Internet avec toutes ses possibilités et contraintes techn(olog)iques et humaines.

Dans le cadre de ce chapitre, nous allons présenter les résultats d'une partie de cette recherche, limitée aux spécificités de la communication des entreprises avec des publics externes sur leur site web, et en particulier aux questions terminologiques de ce type de communication. Celles-ci ne sont traitées en profondeur ni dans les travaux sur les aspects technologiques de la localisation, ni dans ceux d'une approche culturelle ou communicationnelle, bien qu'elles présentent un intérêt non seulement pour la pratique quotidienne de la traduction de sites web mais aussi pour les théoriciens de la traduction et de la terminologie.

## LE CORPUS ET LE FOCUS

Notre recherche se base sur un corpus bi- ou trilingue de plus de 200 000 mots traduits dans le cadre de projets de traduction-localisation de sites web par une société de traduction hongroise. Il s'agit d'un corpus :

- avec des pages web traduites du français et/ou de l'anglais en hongrois ou du hongrois en anglais et/ou en français ;
- composé de projets authentiques d'un volume allant de 500 mots à 30 000 mots (d'une ou deux sous-pages à des sites complets) ;
- avec des visées communicatives différentes (informative, promotionnelle, publicitaire, commerciale, etc. – Sandrini, 2008) ;
- représentant des formats bien divers (fichiers .xls ou .doc « épurés » ou non des balises du langage html ou xml, etc. ; extraits sous forme de mémoire de traduction ; interfaces de traduction des systèmes de gestion de contenus, etc.) ;
- traités de différentes manières en pré- et post-traduction (internationalisés ou non ; relus et/ou révisés par un spécialiste interne et/ou externe ou bien directement publiés sur un site, etc.) ;
- avec des consignes bien différentes, plus ou moins claires et spécifiques.

On pourrait encore longuement citer les paramètres et variables qui permettent des analyses très complexes sur le « tout-venant » et le « quotidien » (Gondouin, 2007) du travail des traducteurs de sites web auprès d'une agence de traduction pendant les cinq dernières années, mais les limites de ce volume nous obligent à nous focaliser sur un paramètre particulièrement pertinent : le type de communication d'entreprise.

Certains sites du corpus global représentent des situations de communication B2B (*business-to-business*) ou C2C (*customer-to-customer*) « symétriques » entre, par exemple, une marque et les membres de son réseau de distribution (B2B) ou entre utilisateurs finaux sur un site de partage d'avis (C2C). Mais, la plupart des sites visant des cibles externes exemplifient des situations de communication B2C (*business-to-customer*) « asymétriques », généralement entre une entreprise et ses clients et prospects. Dans le reste de ce chapitre, nous allons nous focaliser sur les sites de notre corpus représentant des situations de communication asymétriques du type B2C qui, jusqu'à présent, faisaient l'objet d'études surtout dans la perspective de marketing et d'e-marketing.

## DISPOSITIFS D'OPTIMISATION DE LA COMMUNICATION D'ENTREPRISE B2C SUR LES SITES WEB

La communication du type B2C sur les sites web présente de nombreux points de convergence avec les situations de communication expert/non-expert ou initié/non-initié où des spécialistes d'un domaine particulier communiquent avec des interlocuteurs moins avertis. Dans ces situations souvent décrites comme de la vulgarisation ou de la traduction intra-linguale (Beciri, 2008), l'objectif principal des experts est de faciliter la compréhension de leurs interlocuteurs par des explications, reformulations, etc. plus accessibles pour ceux qui ont moins de connaissances thématiques ou terminologiques en la matière. Nous allons voir par la suite que les concepteurs et/ou les rédacteurs de sites web font aussi de nombreux efforts d'adaptation/optimisation pour faciliter l'accès des internautes non-initiés au contenu des sites web, dont certains concernent aussi les traducteurs en cas de traduction-localisation du site.

Sur les sites sources de notre corpus, nous avons identifié toute une série de dispositifs susceptibles de récompenser les problèmes d'asymétrie de la communication B2C. S'ils ne sont pas utilisés sur tous les sites web de notre corpus, on les retrouve en abondance dans la communication entre les entreprises et leurs interlocuteurs externes. Sans entrer dans les détails de cette analyse, nous présenterons par la suite notre regroupement de ces dispositifs d'adaptation/optimisation en trois catégories.

La première catégorie comprend des composants structurels des sites web, comme par exemple :

- les menus du type « À propos » (*About us*) proposant des « raccourcis » en présentant les activités, les produits et les spécificités d'une organisation par le biais de courtes descriptions fonctionnelles, de photos ou vidéos d'illustration, etc. ;
- des blogs de plus en plus courants sur les sites d'entreprises (désormais rédigés par des professionnels de la communication), ainsi que d'autres liens (aux réseaux sociaux) et éléments interactifs (par exemple des chatbox) favorisant les contacts directs avec les visiteurs ;
- les FAQ (foires aux questions) comportant les questions et les réponses les plus susceptibles d'intéresser les visiteurs, permettant de pallier les lacunes les plus importantes de leurs connaissances.

La deuxième catégorie des outils visant à réduire l'asymétrie de la communication d'entreprise B2C comprend des stratégies d'adaptation linguistiques souvent utilisées, à savoir :

- l'utilisation de la première personne du singulier ou du pluriel sur les sites sources, leur donnant ainsi une touche de subjectivité ;
- l'utilisation d'un registre plus familier que dans la communication « traditionnelle », avec notamment le tutoiement des visiteurs ;
- le recours fréquent à des formes verbales (souvent à l'impératif) dans les titres et menus de navigation (par exemple *Know*, *Act*, *Exchange*)

incitant les visiteurs à s'activer et à se sentir sollicités comme des partenaires égaux d'une organisation « accessible ».

Dans la troisième catégorie, nous avons mis les opérations terminologiques mises en œuvre pour faciliter la compréhension du langage souvent difficilement accessible pour les « non-initiés » du domaine d'activité, en général, et du domaine d'exploitation, en particulier, d'une entreprise (de Vecchi, 2004) :

- par le marquage (graphique ou typographique, comme par exemple les majuscules ou les italiques) des termes et expressions que les visiteurs ne sont pas censés connaître ;
- par des définitions fonctionnelles (non canoniques) ou des explications qui sont données à ces termes, parfois sous forme d'un glossaire ;
- par l'utilisation de synonymes ou de variantes terminologiques à côté (ou souvent à la place) de la terminologie « officielle ».

Plusieurs de ces dispositifs d'optimisation présentent des défis aux traducteurs des sites (par exemple la reprise ou non du tutoiement, le traitement des formes verbales dans les langues avec des flexions verbales complexes comme le hongrois, etc.) mais, selon notre expérience, ce sont les choix terminologiques qui méritent le plus d'attention. D'autant plus qu'ils demandent un traitement particulier et des compétences spécifiques de la part des traducteurs, dont on parle peu dans les travaux traductologiques et terminologiques. Mis à part la thèse et quelques articles de Cristian Lakó (2009 ; 2010), les spécificités du traitement terminologique, largement commentées par pratiquement tous les prestataires de services de traduction-localisation, ne semblent avoir suscité l'intérêt ni des traductologues ni des chercheurs en terminologie.

## STRATÉGIES D'OPTIMISATION TERMINOLOGIQUE DES SITES WEB D'ENTREPRISES

Prenons d'abord l'exemple d'une page web (publique) d'un fabriquant d'automobile français présentant une fonction de sécurité : l'alerte de franchissement involontaire de ligne (AFIL).

> L'Alerte de Franchissement Involontaire de Ligne est une aide pour lutter contre l'hypovigilance ou un simple moment d'inattention au volant. Cette innovation constitue une avancée notable en termes de sécurité.
>
> Cette technologie utilise les informations collectées en permanence par des capteurs à infrarouge orientés vers le sol pour détecter le franchissement de bandes blanches continues ou discontinues.
>
> Lorsque le véhicule franchit une ligne blanche sans que le clignotant n'ait été activé, le calculateur du système déclenche une alerte. Le conducteur est alors averti des déviations de trajectoires par des bips sonores et/ou des vibrations dans son siège, du côté correspondant au franchissement de la ligne. (Citroën, 2018a)

On apprend de cette description qu'en cas de franchissement de la ligne blanche/des bandes blanches continues et discontinues, donc en cas de déviation de trajectoires, suite notamment à l'hypovigilance ou l'inattention du conducteur, celui-ci est alerté/averti grâce à ce système/cette aide/cette innovation, etc. Dans cet exemple que nous pourrions qualifier d'« optimisation intra-linguale », on reconnaît facilement la volonté du rédacteur de pallier la distance entre les connaissances thématiques et terminologiques des interlocuteurs : un de ses objectifs consiste sans doute à faciliter la compréhension par le choix de termes alternatifs que les non-initiés sont susceptibles de mieux comprendre. Mais il faut savoir aussi que, dans le cas des sites web, outre la compréhension, la visibilité joue un rôle aussi (sinon plus) important : afin qu'un internaute ait accès à une page, il faut d'abord qu'il la retrouve. Et pour la retrouver, il faut qu'elle figure, et si possible en bonne position, sur la page de résultat d'un moteur de recherche. Comme la position d'une page dépend de son référencement par les robots d'indexation de Google, Youtube, Bing, etc., le processus d'optimisation pour les moteurs de recherche (*search engine optimisation* ou SEO) semble jouer un rôle particulièrement important dans la communication sur les sites web d'entreprises, et par conséquent aussi dans la traduction de ceux-ci.

Il importe de noter que le processus d'optimisation SEO dépend de nombreux critères et algorithmes dont la plupart :

- sont indépendants du contenu et du langage utilisé sur les sites et dépassent largement le domaine d'intervention des traducteurs[3] ;
- sont gardés secrets pour éviter les manipulations par les développeurs de sites ;
- sont modifiés régulièrement pour les mêmes raisons et aussi en phase avec les avancées technologiques.

Néanmoins, certaines techniques de référencement naturel[4] sont connues par les rédacteurs, et elles doivent être connues et maîtrisées aussi par les traducteurs de sites pour qu'ils arrivent à produire des sites bien « visibles ».

### TRAITEMENT TERMINOLOGIQUE DES MÉTADONNÉES : EN AVANT LA DIVERSITÉ

Il est largement connu par exemple que, pour le référencement des sites, les moteurs de recherches tiennent compte de certaines balises dites « méta » (aussi appelées *meta-tags* ou métadonnées) telles que le « titre » et la « description ». Celles-ci, figurant au début du code de la page web, donnent des informations aux moteurs de recherche sur la page à indexer. Leur rôle est d'autant plus important qu'elles s'affichent sur les pages de résultats des moteurs de recherche où les internautes vont sélectionner les liens qui leur semblent les plus séduisants. Il n'est donc point étonnant que ces balises, qui font systématiquement partie des fichiers à traduire, présentent une diversité terminologique semblable à celle des pages de contenu :

---

3 Les experts du SEO identifient de 50 à 100 facteurs pris en compte pour le positionnement d'un site dans les pages de résultats, dont les URL, alt tags, backlinks, popularité du site, fréquence des mises à jour, etc.

4 Le référencement des sites web implique un ensemble de techniques par lesquelles une page web est rendue visible d'abord pour les moteurs de recherche, puis à travers ceux-ci pour les internautes intéressés. Le référencement naturel est à distinguer du référencement payant.

> [Titre :] Motorisations thermiques / Technologies d'hybridation
> [Description :] Avec la chaîne de traction Full hybrid Hybrid 4, Citroën associe les performances du moteur Diesel HDi aux qualités de la propulsion électrique. (Citroën, 2018b)

La présence simultanée des termes « motorisations » / « chaîne de traction » / « moteur » / « propulsion » dans la description de la page n'est certainement pas due au hasard : les rédacteurs savent très bien que les moteurs de recherche privilégient un langage varié comportant des mots-clés, c'est-à-dire les mots les plus recherchés par les internautes.

Lors de la traduction de ces métadonnées, il est évident que le traducteur doit reproduire cette diversité aussi dans la langue cible, en incluant un maximum de variantes terminologiques susceptibles d'éveiller l'intérêt des robots de référencement d'une part, et de correspondre aux mots de recherche potentiels des utilisateurs humains, de l'autre. Pour y arriver, il doit avoir recours aux mêmes stratégies que nous allons voir à propos de la traduction des pages de contenu.

### TRAITEMENT TERMINOLOGIQUE DES PAGES DE CONTENU : DES TERMES AUX MOTS-CLÉS

Dans notre premier exemple issu du site sur la fonction AFIL d'une voiture, nous avons vu une très grande variabilité terminologique : un nombre aussi grand que possible de formulations non ou peu techniques (« franchir la ligne ou les bandes blanches ») à côté de « vrais » termes (« déviation de trajectoire »). Cette diversité s'explique par la volonté des rédacteurs d'augmenter les chances que leur page soit retrouvée par les internautes plus ou moins « spécialistes ». Car, pour être retrouvée, il est indispensable qu'une page web contienne des mots-clés que l'internaute a saisis dans son navigateur. Les rédacteurs de sites doivent donc trouver et utiliser des termes que les utilisateurs ciblés sont susceptibles non seulement de comprendre mais aussi d'utiliser activement dans leurs recherches.

Dans l'esprit d'orientation vers les lecteurs cibles (Jimenez-Crispo, 2013), les traducteurs de ces sites doivent adapter la terminologie aux besoins aussi bien qu'aux connaissances terminologiques de leur public. Au lieu de chercher les termes équivalents à ceux de la page originale, ils doivent s'inspirer des méthodes des rédacteurs de sites et réécrire la page en utilisant une terminologie adaptée aux attentes des moteurs de recherche et à l'usage réel par les utilisateurs ciblés. Ce dernier ne correspond pas toujours à la terminologie « officielle » de l'entreprise, car, en plus des internautes néophytes ne connaissant nullement les termes spécialisés, il y a aussi des visiteurs qui utilisent des termes alternatifs de la concurrence.

Afin d'identifier les termes et non-termes réellement recherchés, les spécialistes du référencement utilisent des méthodes spécifiques comme l'analyse de la concurrence et la recherche de mots-clés cibles. Puis, en s'appuyant sur ces méthodes, ils constituent une ou plusieurs liste(s) de mots (termes variés et aussi non-termes) autour des concepts-clés de leur site. L'étude de la concurrence permet de faire ressortir par les outils prévus à cet effet les mots-clés des sites concurrents et d'identifier ceux qui génèrent le plus de trafic sur ces sites. La recherche de mots-clés cibles vise aussi à identifier les mots les plus recherchés qui sont liés dans la langue cible à l'activité du site par *brainstorming* (en réunissant autour des concepts des termes et non-termes susceptibles d'être connus par le public cible de la page) ou par des outils d'aide dédiés (on en trouve beaucoup, même gratuitement, sur les sites spécialistes de la SEO). Les professionnels de la traduction de sites web et Lakó (2009) proposent la même démarche aux traducteurs : constituer d'abord une liste de mots-clés autour de concepts et puis, une fois cette liste constituée, au lieu de « traduire » les textes en s'appuyant sur la base terminologique (BT) de leur outil d'aide à la traduction, « recréer » le texte en utilisant les mots-clés identifiés. Comme certains de ceux-ci seront différents des termes habituellement utilisés – et certainement privilégiés – par la même entreprise, les traducteurs devront donc trouver l'équilibre délicat entre les préférences terminologiques de celle-ci, des internautes et des moteurs de recherche – et tout cela dans le respect des limites de caractères qui s'imposent souvent sur ces pages… Dans cette situation bien complexe, la tâche du traducteur est de trouver une solution optimale, d'où le terme d'« optimisation terminologique » que nous préférons pour décrire le traitement terminologique des sites web. Ce processus onomasiologique (Lakó, 2010) et bien complexe de dosage de termes, non-termes et reformulations dans les pages traduites des sites B2C consiste à optimiser la terminologie cible aux besoins des moteurs de recherche et aux connaissances des utilisateurs humains, afin de produire des pages cibles « favorables au référencement » et pourtant fidèles aussi aux attentes et intérêts de l'entreprise.

## CONCLUSION

Dans ce chapitre, nous avons mis à part les aspects technologiques et culturels de la traduction-localisation des sites web et nous nous sommes concentrée sur les aspects communicationnels des sites d'entreprises du type B2C. Nous avons vu que ces sites ciblant des internautes non spécialistes mettaient en œuvre toute une série de dispositifs en vue de faciliter les échanges avec ceux-ci, notamment au niveau de la terminologie. Par l'analyse du processus de traduction des métabalises et des pages de contenus, nous avons démontré l'importance d'optimisation terminologique pour le succès de cette activité.

Quelles sont les leçons que les principaux acteurs de la traduction de sites web peuvent en tirer ? Commençons par les traducteurs eux-mêmes. S'ils ne doivent pas être des spécialistes de la SEO, ils ont intérêt à connaître les principes de base du référencement naturel et de suivre les évolutions des algorithmes de positionnement des moteurs de recherche les plus courants. Pour garantir le bon positionnement de leurs traductions sur les pages de résultats des moteurs de recherche, ils doivent être conscients de l'importance des variations terminologiques dans les textes et les métabalises sources. Ensuite, ils doivent connaître et utiliser des techniques d'identification de concepts et de mots-clés pour constituer la terminologie cible la plus favorable au référencement. De plus, ils doivent avoir de l'empathie : une capacité à « se mettre dans la peau » des internautes et à « parler » aussi leur langue. Dans l'ensemble, leur travail converge sur de nombreux points avec celui des rédacteurs et rapproche ainsi la traduction de sites B2C du domaine de la transcréation.

Les prestataires de service de traduction-localisation peuvent en déduire que la traduction des sites web B2C demande des compétences spécifiques et ne doit surtout pas être considérée comme une tâche facile que l'on peut confier aux débutants (ce qui est souvent le cas chez les petites agences). à la différence des sites B2B dont la traduction demande souvent une terminologie conséquente et donc un traducteur qui maîtrise parfaitement les particularités du « parler d'entreprise » (de Vecchi, 2004), ce ne sont pas toujours les traducteurs « habituels » d'une entreprise qui sont les plus aptes à traduire les pages B2C.

Nous sommes convaincue que les changements de perspective (des termes aux mots-clés) et de méthodes (de la recherche d'équivalences à l'optimisation et à la recréation) propres à la traduction de sites web pourraient aussi enrichir les réflexions théoriques sur la traduction et la terminologie. Dans un contexte où de plus en plus de traductions se font et paraissent sur Internet pour des publics de plus en plus diversifiés, les théories fonctionnelles et du *skopos* (Nord, 1997 ; Vermeer, 1996), souvent évoquées à propos de la traduction des sites, devraient prendre en compte les paramètres de proximité/distance des situations de communication asymétriques et le rôle que jouent les moteurs de recherche dans la formulation des pages sources et cibles. Quant à la terminologie, elle pourrait aussi considérer les moteurs de recherche comme les « propulseurs » les plus puissants des variations terminologiques de nos jours.

Márta Kóbor
Université de Pécs
Hongrie

QUATRIÈME PARTIE

# DÉONTOLOGIE

# LA PRATIQUE PROFESSIONNELLE DU TRADUCTEUR ET DE L'INTERPRÈTE ASSERMENTÉ, JURIDIQUE ET JUDICIAIRE

## INTRODUCTION

Il convient de faire une première distinction entre les adjectifs juridique, assermenté et judiciaire appliqués à l'exercice de la profession. Le traducteur/interprète juridique est un professionnel qui a ou n'a pas de formation en droit, qui traduit des documents qui relèvent de ce domaine de spécialité sans avoir à être certifiés par un traducteur interprète assermenté, à savoir « *aquél documento traducido cuya naturaleza quede encuadrada en cualquier rama del derecho, ya sean textos legislativos, convenios, manuales de derecho o artículos científicos sobre temas jurídicos*[1] » (Lobato Patricio, 2009, p. 195). La notion de traduction certifiée s'applique, quant à elle, à un type de textes dont le contenu est tel qu'il est nécessaire d'en faire foi. Ces traductions doivent être réalisées par un traducteur interprète assermenté, mais les documents à traduire qui entrent dans cette catégorie ne sont pas nécessairement juridiques. Enfin, les professionnels de la traduction et de l'interprétation judiciaire travaillent avec et pour l'administration de la Justice. *A priori*, cette distinction terminologique vaut pour la France et l'Espagne, même si nous verrons que les fonctions exercées par les traducteurs appartenant à ces différentes catégories sont délimitées moins clairement en Espagne et qu'elles empiètent parfois l'une sur l'autre. Nous pensons que cela est dû en partie à l'absence d'une réglementation claire définissant les

1 « Tout document traduit dont la nature est encadrée dans n'importe quelle branche du droit, qu'il s'agisse de textes législatifs, de conventions, de manuels de droit ou d'articles scientifiques sur des questions juridiques. » [Notre traduction]

fonctions, les compétences et la formation que doit avoir un traducteur/interprète assermenté et judiciaire. La situation est plus claire en France où ces professions sont mieux réglementées.

## CADRE RÉGLEMENTAIRE DU DROIT À LA TRADUCTION ET À L'INTERPRÉTATION

Le droit à la traduction et à l'interprétation se manifeste le plus souvent dans un contexte pénal et en matière de procédure en particulier. Il s'agit du droit à l'accès à ce service public garanti à toute personne mise en examen, à un prévenu ou à un témoin. Ce droit est réglementé par des textes internationaux, européens et nationaux. Nous citons ci-après les législations internationale et européenne existantes dans ce domaine, qui sont analogues pour la France et pour l'Espagne, ainsi que la réglementation nationale sur ce droit à la traduction et à l'interprétation dans ces deux pays.

### RÉGLEMENTATION INTERNATIONALE

S'agissant de la figure de l'interprète judiciaire au niveau international, nous pouvons dire en accord avec Ortega Herráez (2006, p. 45) que « *está estrechamente ligada a los más básicos principios de la legislación internacional, representados estos por la Declaración Universal de Derechos Humanos*[2] ». Ce texte, approuvé par l'Assemblée générale des Nations unies le 10 décembre 1948, ne contient aucun article portant spécifiquement sur la fonction de l'interprète. Il faut comprendre ces droits dans leur sens le plus large et en déduire que ceux-ci impliquent le droit à la traduction et à l'interprétation si le justiciable ou le témoin ne comprend pas ou ne parle pas la langue du tribunal.

Sur un autre plan, la Convention de sauvegarde des droits de l'homme et des libertés fondamentales (CEDH) du Conseil de l'Europe, approuvée le 4 novembre 1950[3], dispose dans son article 5.2 que : « Toute personne

2 « Elle est étroitement liée aux principes les plus fondamentaux du droit international, représentés par la Déclaration universelle des droits de l'homme. » [Notre traduction]

3 Cette organisation internationale de portée régionale a été créée après la 2e Guerre mondiale pour défendre les valeurs démocratiques, l'État de droit et les droits de l'homme.

arrêtée doit être informée, dans le plus court délai et dans une langue qu'elle comprend, des raisons de son arrestation et de toute accusation portée contre elle ». Au paragraphe (a) de son article 6.3, elle prévoit le droit « d'être informé, dans le plus court délai, dans une langue qu'il comprend et d'une manière détaillée, de la nature et de la cause de l'accusation portée contre lui », et au paragraphe e) du même article, le droit « de se faire assister gratuitement d'un interprète, s'il ne comprend pas ou ne parle pas la langue employée à l'audience ».

Un instrument plus récent que la CEDH, le Pacte international relatif aux droits civils et politiques des Nations unies du 16 décembre 1966, annonce également dans son article 14.3. a) et f) le droit à un interprète, comme nous pouvons le déduire de la citation littérale de cet article :

> 3. Toute personne accusée d'une infraction pénale a droit, en pleine égalité, au moins aux garanties suivantes :
> a) À être informée, dans le plus court délai, dans une langue qu'elle comprend et de façon détaillée, de la nature et des motifs de l'accusation portée contre elle ;
> f) À se faire assister gratuitement d'un interprète si elle ne comprend pas ou ne parle pas la langue employée à l'audience ;

Au vu de ce qui précède, le droit à l'interprétation des personnes mises en examen et prévenues ou accusées est une constante dans les instruments de portée internationale ; dès lors que ceux-ci font partie de nos ordres juridiques internes, les États ont l'obligation de se conformer à leurs exigences.

### RÉGLEMENTATION EUROPÉENNE

Nous trouvons ici deux instruments majeurs. La Charte des droits fondamentaux de l'Union européenne, approuvée lors du Conseil européen de Cologne du mois de juin 1999. Conformément aux souhaits des chefs d'État et de gouvernement participants, cette Charte devait contenir les principes généraux rassemblés dans la Convention européenne des droits de l'homme de 1950 et ceux issus des traditions constitutionnelles communes des pays de l'UE.

La Charte a été officiellement proclamée à Nice en décembre 2000 par le Parlement européen, le Conseil et la Commission. Cette Charte reconnaît une série de droits personnels, civils, politiques, économiques et sociaux aux ressortissants et aux résidents des pays de l'Union européenne, en consacrant ces droits dans la législation communautaire.

En décembre 2009, avec l'entrée en vigueur du Traité de Lisbonne, la Charte a acquis le même caractère juridique contraignant que les traités pour tous les États membres, parmi lesquels figure l'Espagne. Cet instrument européen prévoit indirectement le droit à l'interprétation.

Puis la Directive 2010/64/UE du Parlement européen et du Conseil du 20 octobre 2010 relative au droit à l'interprétation et à la traduction dans le cadre des procédures pénales a été approuvée. Cet instrument est celui qui se rapporte le plus directement au droit à la traduction et à l'interprétation, « en reconnaissant deux droits distincts, la Directive se démarque des instruments antérieurs tels que la Convention EDH, le Pacte international relatif aux droits civils et politiques et le Statut de Rome » (Monjean-Decaudin, 2011, p. 767).

Cette Directive définit les règles relatives au droit à la traduction et à l'interprétation dans le cadre des procédures pénales et des procédures d'exécution d'un mandat d'arrêt européen. Ledit droit doit s'appliquer dès le moment où la personne a été informée par les autorités compétentes d'un État membre jusqu'à la fin de la procédure, c'est-à-dire jusqu'à la décision définitive déterminant que le suspect ou l'accusé a ou non commis l'infraction, à savoir, le cas échéant, jusqu'au jugement et la décision prononcés à l'issue de tout recours.

Nous pouvons affirmer, en accord avec Blasco Mayor et Del Pozo Triviño (2015, p. 12) que :

> *La finalidad de la Directiva es que los Estados Miembros pongan en marcha mecanismos que garanticen la calidad de la interpretación y de la traducción en los procesos penales a fin de que se pueda garantizar el derecho de defensa y el derecho a un juicio justo, para reforzar la confianza mutua entre sí*[4].

La sauvegarde de l'équité de la procédure requiert que la traduction des documents essentiels ou, au minimum, celle des passages pertinents de ces documents, soit remise au suspect ou à l'accusé ou au prévenu conformément aux dispositions de la Directive. Certains documents, tels que toute décision privative de liberté, toutes charges ou tout acte d'accusation et tout jugement, devront toujours être considérés

4 « L'objectif de la Directive prévoit que les États membres mettent en place des mécanismes garantissant la qualité de l'interprétation et de la traduction dans les procédures pénales afin de garantir le droit à la défense et le droit à un procès équitable, dans le but de renforcer ainsi la confiance mutuelle entre eux. » [Notre traduction]

comme des documents essentiels qui devront être traduits par voie de conséquence. Dans ce sens, les articles 2 et 3 relatifs, respectivement, au droit à l'interprétation et au droit à la traduction de documents essentiels, différencient clairement ces deux branches professionnelles.

L'aspect le plus important de la Directive concerne l'exigence de qualité des services de traduction et d'interprétation rendus. À cet égard, l'article 5.2 du texte énonce l'élément que nous considérons central dans sa transposition :

> Article 5
> Qualité de l'interprétation et de la traduction
> 2. Afin de disposer de services d'interprétation et de traduction adéquats et de faciliter un accès efficace à ceux-ci, les États membres s'efforcent de dresser un ou plusieurs registres de traducteurs et d'interprètes indépendants possédant les qualifications requises. Une fois établis, ces registres sont, le cas échéant, mis à la disposition des conseils juridiques et des autorités concernées.

RÉGLEMENTATION ESPAGNOLE

Avant la publication de la Directive susvisée et préalablement à sa transposition, la législation espagnole contenait déjà une série d'articles répartis dans divers instruments : la Constitution espagnole (CE) de 1978, le Code de procédure pénale (LECrim), le Code de procédure civile (LEC) et la Loi organique du pouvoir judiciaire (LOPJ), relatifs au droit à la traduction et à l'interprétation. Toutefois, comme le souligne Rojo Chacón (2015, p. 96) : « *existían graves lagunas en los elementos fundamentales de la profesión, como son : la formación, las funciones, el perfil y el acceso a la misma*[5] ». La même auteure (2015, p. 97), qui a analysé la situation et le profil de ces professionnels dans quatre pays différents dont l'Espagne et la France, affirme qu'il n'existe pas « *un perfil tipo que tuvieran que cumplir aquellas personas que quisiesen desempeñar esta profesión. Ninguno exigía para el ejercicio de la profesión ser ni traductor de carrera ni, en su defecto, traductor-intérprete jurado*[6] ». Cette lacune est la première de toutes ; comme dans toute autre spécialité, nous estimons

5 « il y avait de graves lacunes dans les éléments fondamentaux de la profession, tels que la formation, les fonctions, le profil et l'accès à celle-ci. » [Notre traduction]

6 « un profil standard à respecter par les personnes qui voulaient exercer ce métier. Pour l'exercice de la profession, il n'était pas exigé d'être traducteur de carrière ni, à défaut, traducteur-interprète assermenté. » [Notre traduction]

que l'exigence minimum doit être la formation à la profession que l'on se propose d'exercer.

Nous nous attarderons en particulier sur le Code de procédure pénale qui tient compte de la transposition de la Directive européenne dans la législation espagnole. Cette transposition a eu pour résultat final la Loi organique 5/2015, du 27 avril 2015, portant modification du Code de procédure Pénale, et la loi organique 6/1985, du 1er juillet 1985, relative au pouvoir judiciaire. Ces lois nationales sont le résultat de la transposition de la Directive 2010/64/UE, du 20 octobre 2010, relative au droit à l'interprétation et à la traduction dans les procédures pénales et de la Directive 2012/13/UE du 22 mai 2012, relative au droit à l'information dans les procédures pénales.

La disposition finale première de la Loi 5/2015 prévoit un registre officiel répertoriant les traducteurs et les interprètes judiciaires comme le faisait déjà la Directive européenne. Concernant ce registre, ladite disposition énonce qu'il servira « *para la inscripción de todos aquellos profesionales que cuenten con la debida habilitación y cualificación, con el fin de elaborar las listas de traductores e intérpretes a que se refiere el 124 de la Ley de Enjuiciamiento Criminal*[7] ».

Il convient de souligner que ce code stipule expressément le droit des mis en examen, des prévenus ou accusés à être assistés d'un interprète. Un nouvel article 123 est introduit dans ce code dont l'objet est d'adapter le texte des articles de la Directive 2010/64/UE. Son alinéa 1 développe les différents aspects du droit à la traduction ou à l'interprétation. Le second paragraphe du même alinéa stipule que les frais de traduction et d'interprétation entraînés par l'exercice de ces droits seront supportés par l'administration, ceci quel que soit le résultat de la procédure. Ce texte est la conséquence directe de l'article 4 de la Directive européenne qui prévoit qu'il incombera aux États membres de supporter les frais de traduction et d'interprétation. D'autre part, un nouvel article 124 a été ajouté dont la rédaction juridique est la suivante :

> *1. El traductor o intérprete judicial será designado de entre aquellos que se hallen incluidos en los listados elaborados por la Administración competente. Excepcionalmente, en aquellos supuestos que requieran la presencia urgente de un traductor o de un*

7 « pour l'enregistrement de tous les professionnels possédant les qualifications requises, dans le but d'établir les listes de traducteurs et d'interprètes visées à l'article 124 de la loi de procédure pénale espagnole » [Notre traduction].

> *intérprete, y no sea posible la intervención de un traductor o intérprete judicial inscrito en las listas elaboradas por la Administración, en su caso, conforme a lo dispuesto en el apartado 5 del artículo anterior, se podrá habilitar como intérprete o traductor judicial eventual a otra persona conocedora del idioma empleado que se estime capacitado para el desempeño de dicha tarea.*
> *2. El intérprete o traductor designado deberá respetar el carácter confidencial del servicio prestado.*
> *3. Cuando el Tribunal, el Juez o el Ministerio Fiscal, de oficio o a instancia de parte, aprecie que la traducción o interpretación no ofrecen garantías suficientes de exactitud, podrá ordenar la realización de las comprobaciones necesarias y, en su caso, ordenar la designación de un nuevo traductor o intérprete*[8].

Nous pouvons déduire de cette rédaction juridique que le point 1 est consacré à la création du registre de professionnels recommandé par la Directive. Il faudra répondre à cette exigence de la Directive européenne susmentionnée parce que, d'une part, les associations professionnelles sont unanimes à le demander et qu'il arrive de plus en plus souvent, d'autre part, que les juristes eux-mêmes interrompent une audience pour des raisons de qualité de l'interprétation parce qu'ils ont conscience de l'importance que revêt la qualité de ces services de traduction et d'interprétation au cours d'une procédure judiciaire.

Dans l'ordre civil comme dans l'ordre pénal, quand le défendeur ignore la langue, il aura droit à un interprète ainsi qu'à la traduction des documents nécessaires pour clarifier le litige. L'article 143 du Code espagnol de procédure pénale, au point 1, mentionne « *Intervención de interprètes* » (intervention d'un interprète). Enfin, le droit à un interprète au cours de la procédure est expressément reconnu par l'article 231.5 de la Loi organique du pouvoir judiciaire espagnole (LOPJ), en vertu duquel : « *En las actuaciones orales, el juez o tribunal podrá habilitar como*

8 « 1. Le traducteur ou l'interprète judiciaire sera désigné parmi ceux qui figurent sur les listes établies par l'administration compétente. À titre exceptionnel, dans les cas nécessitant, la présence d'urgence d'un traducteur ou d'un interprète, et s'il s'avère impossible l'intervention d'un interprète ou un traducteur judiciaire inscrit sur les listes établies par l'administration, le cas échéant, comme il est prévu au paragraphe 5 de l'article précédent, il sera possible d'habiliter comme interprète ou traducteur judiciaire éventuel à une autre personne connaissant la langue utilisée qui se considère être qualifiée pour l'exécution de ladite tâche. – 2. L'interprète ou le traducteur désigné doit respecter la nature confidentielle du service fourni. – 3. Lorsque le tribunal, le juge ou le procureur, d'office ou sur demande, considérera que la traduction ou l'interprétation ne présente pas de garanties suffisantes de précision, il pourra ordonner la réalisation des vérifications nécessaires et, le cas échéant, la nomination d'un nouveau traducteur ou interprète. » [Notre traduction]

*intérprete a cualquier persona conocedora de la lengua empleada, previo juramento o promesa de aquella* » (Boticario Galavís, 2012, p. 97)[9].

Ces énoncés laissent entendre qu'il est possible qu'une personne qui ne possède pas de compétences professionnelles dans les domaines de la traduction et de l'interprétation soit nommée, pour peu qu'elle prête serment ou qu'elle fasse une déclaration sur l'honneur, ce qui n'est pas un gage de qualité du service rendu.

À partir de tout ce qui précède, nous pouvons constater que la législation espagnole en vigueur n'est pas explicite sur le point de la qualification professionnelle à attendre d'un interprète et qu'elle n'expose pas clairement les situations où il serait permis, voire même justifié, d'avoir recours à des interprètes non qualifiés, point que la législation actuelle laisse à l'entière discrétion des juges et magistrats.

### RÉGLEMENTATION EN FRANCE

L'alinéa III de l'article préliminaire de la Partie législative du Code de procédure pénale français modifié par la Loi n° 2013-711 du 5 août 2013 portant diverses dispositions d'adaptation dans le domaine de la justice en application du droit de l'Union européenne et des engagements internationaux de la France, se présente ainsi : Dispositions portant transposition de la Directive 2010/64/UE du Parlement européen et du Conseil du 20 octobre 2010 relative au droit à l'interprétation et à la traduction dans le cadre des procédures pénales. Un paragraphe a été ajouté à cet alinéa : il énonce que si une personne :

> [...] ne comprend pas la langue française, elle a droit, dans une langue qu'elle comprend et jusqu'au terme de la procédure, à l'assistance d'un interprète, y compris pour les entretiens avec son avocat ayant un lien direct avec tout interrogatoire ou toute audience, et, sauf renonciation expresse et éclairée de sa part, à la traduction des pièces essentielles à l'exercice de sa défense et à la garantie du caractère équitable du procès qui doivent, à ce titre, lui être remises ou notifiées en application du présent code.

Des termes nouveaux « la personne suspectée ou poursuivie » font également leur apparition. On peut constater en définitive que les modifications apportées aux lois et codes nationaux à la suite de la transposition

---

9 « Dans une procédure orale, le juge ou le tribunal peut habiliter, en tant qu'interprète, toute personne connaissant la langue utilisée, après avoir prêté serment. » [Notre traduction]

de la Directive européenne réglementant le droit à la traduction et à l'interprétation dans les procédures pénales sont les mêmes que dans le cas espagnol. Par ailleurs, comme l'explique Rojo Chacón (2015, p. 101) dans la transposition de la Directive susvisée dans la législation française :

> [...] la nueva redacción de la *Ley de Enjuiciamiento Criminal* francesa (Code de procédure pénale) establece la posibilidad de la interpretación por medios telemáticos en aquellos casos en los [que] el intérprete no puede estar presente en la sala de vistas. [...] Asimismo, cabe destacar que en ningún momento se hace referencia ni al perfil de los profesionales ni a su titulación[10].

La même auteure annonce que, en France, le Société française des traducteurs a également déclaré que la réglementation était insuffisante en égard à l'article 5 de la Directive, relatif au registre de professionnels dûment qualifiés. Comme l'expose à juste titre Rojo Chacón (2015, p. 96), la fonction des traducteurs et interprètes dans les procédures pénales est également réglementée dans le Code pénal français. « *Sin embargo, existían graves lagunas en los elementos fundamentales de la profesión, como son : la formación, las funciones, el perfil y el acceso a la misma*[11] ».

Il convient de faire ressortir que la Loi n° 2014-535 du 27 mai 2014 portant transposition de la Directive 2012/13/UE du Parlement européen et du Conseil, du 22 mai 2012, relative au droit à l'information dans le cadre des procédures pénales, prévoit ledit droit dans le but de garantir l'équité d'un jugement quand le prévenu ne comprend pas le français. Ainsi, l'article préliminaire du Code de procédure pénale stipule que :

> Si la personne suspectée ou poursuivie ne comprend pas la langue française, elle a droit, dans une langue qu'elle comprend et jusqu'au terme de la procédure, à l'assistance d'un interprète, y compris pour les entretiens avec son avocat ayant un lien direct avec tout interrogatoire ou toute audience, et, sauf renonciation expresse et éclairée de sa part, à la traduction des pièces essentielles à l'exercice de sa défense et à la garantie du caractère équitable du procès qui doivent, à ce titre, lui être remises ou notifiées en application du présent code.

---

10 La nouvelle rédaction du Code de procédure pénale établit la possibilité d'une interprétation par voie télématique dans les cas où l'interprète ne peut être présent dans la salle d'audience. De même, il convient de noter qu'à aucun moment il n'est fait référence au profil des professionnels ni à leurs qualifications [Notre traduction].

11 « Cependant, il y avait de sérieuses lacunes dans les éléments fondamentaux de la profession, tels que la formation, les fonctions, le profil et l'accès à celle-ci. » [Notre traduction].

Enfin, le Code de procédure civile (CPC) réglemente également ce même droit, à la traduction surtout, dans ses articles 178-1, 670-3, 688-6 1146 et 1515 relatifs à différentes démarches et diligences, ainsi que le droit à l'interprétation dans son article 178-2.

## LE TRADUCTEUR-INTERPRÈTE ASSERMENTÉ EN ESPAGNE

En Espagne, le diplôme de *Traductor-Intérprete Jurado* (TIJ) est conféré sur examen organisé par le ministère des Affaires étrangères, plus précisément par l'Office espagnol d'interprétation des langues (*Oficina de interpretación de Lenguas – OIL*). Comme le stipule l'article 7.2 du Règlement de l'Office espagnol d'interprétation des langues, dans sa version consolidée du 24 décembre 2009 : « *el título de Traductor/a-Intérprete Jurado/a no confiere a su titular la condición de funcionario público ni supone el establecimiento de ningún vínculo orgánico ni laboral con la Administración Pública*[12] ».

Les traductions ou les interprétations effectuées par les TIJ auront un caractère officiel, elles peuvent être produites devant les instances judiciaires et administratives. Le Décret royal 2002/2009 dispose que « *(L)os Traductores/as-Intérpretes Jurados/as podrán certificar con su firma y sello la fidelidad y exactitud de sus actuaciones, empleando la fórmula que a tal efecto se dicte en la orden de desarrollo del presente Real Decreto*[13] ». Cette formule, visée à l'Annexe II de l'Ordonnance espagnole AEC/2125/2014, du 6 novembre 2014, sur les règles relatives aux examens d'obtention du diplôme de Traducteur-Interprète assermenté, est la suivante :

> *Don/Doña ............................ (nombre y apellidos), Traductor/a-Intérprete Jurado/a de .............. (idioma) nombrado / a por el Ministerio de Asuntos*

12 « le titre de traducteur/interprète assermenté ne confère pas à son titulaire la qualité d'agent public ni n'implique la création de liens organiques ou professionnels avec l'administration publique. » [Notre traduction]

13 « Les traducteurs/interprètes assermentés peuvent certifier avec leur signature et leur cachet, la fidélité et l'exactitude de leurs actions, en utilisant la formule qui est dictée à cet effet par cet arrêté royal. » [Notre traduction]

> *Exteriores y de Cooperación, certifica que la que antecede es traducción fiel y completa al ...................... (lengua de destino) de un documento redactado en .......... ............ (lengua de origen).*
> *En .............. (lugar), a .............. (fecha)*
> *Firma. (BOE 277, de 15 de noviembre de 2014, p. 93883)*[14].

La formule de certification des traductions est la même pour tous les traducteurs-interprètes assermentés et le cachet dont le modèle a été modifié par ladite Ordonnance de la façon indiquée dans son Annexe I, doit être le cas échéant actualisé conformément au modèle suivant :

> *(NOMBRE Y APELLIDOS)*
> *Traductor/a-Intérprete Jurado/a de (IDIOMA)*
> *N.º (NÚMERO DE T/I JURADO)*[15]

Selon les informations telles que mises à jour au mois de janvier 2016, l'examen organisé annuellement par le ministère espagnol des Affaires étrangères et de la coopération est la principale voie pour obtenir ce diplôme. Il existe toutefois une autre filière d'accès à celui-ci : la reconnaissance de qualifications professionnelles analogues acquises dans un autre État membre de l'UE ou de l'EEE.

Une condition requise commune aux deux voies d'accès au titre de TIJ est la qualité de ressortissant de l'un des pays membres de l'Union européenne ou de l'Espace économique européen. Les exigences universitaires et professionnelles sont définies pour leur part par la réglementation en vigueur qui régit l'obtention du diplôme actuel de TIJ, à savoir l'Ordonnance AEC/2125/2014 susvisée.

Le ministère espagnol des Affaires étrangères et de la Coopération est compétent, de plus, pour organiser les concours d'accès au Corps national des Traducteurs et Interprètes, composé de fonctionnaires de l'État. Selon les informations disponibles, il convient de faire la distinction entre deux figures professionnelles, liées toutes deux au ministère des Affaires étrangères et de la Coopération et habilitées l'une et l'autre à

---

14 « M./Mme ... (prénom et noms), traducteur(trice) assermenté(e)/interprète de ... (langue) nommé(e) par le ministère des Affaires étrangères et de la Coopération, certifie que ce qui précède est une traduction fidèle et complète vers ... (langue cible) d'un document rédigé en ... (langue source). – À... (lieu), le ... (date) – Signature » [Notre traduction]

15 « (NOM ET PRÉNOM) – Traducteurtrice / interprète assermentée (LANGUE) – N.º (NUMÉRO DE T/I ASSERMENTÉE » [Notre traduction]

exercer dans le domaine de la traduction et de l'interprétation certifiées : les fonctionnaires du Corps national des Traducteurs et Interprètes qui exercent au sein de l'Office d'interprétation des langues du Ministère après avoir accédé par concours à un emploi au sein de ce service public ministériel, et les traducteurs et interprètes assermentés, nommés par le Ministère mais qui ne font à aucun moment partie du personnel de celui-ci. Ces informations sont spécifiques au domaine de la traduction et de l'interprétation certifiées et ne concernent donc que celui-ci. Sur le système d'accès à la profession de traducteur-interprète assermenté et à celle d'interprète judiciaire en Espagne, Ortega Herráez (2006, p. 229-230) énonce que « *(L)a única acreditación profesional existente en nuestro país, relacionada con el mundo de la justicia es la de los intérpretes jurados*[16][17] ». Et nous nous rangeons entièrement à son avis quand il affirme que « *si bien ambas figuras pueden estar encarnadas por un único profesional, hay que resaltar que no todos los intérpretes judiciales son intérpretes jurados ni todos los intérpretes jurados se avienen a trabajar ante los tribunales o son intérpretes*[18] ». La traduction et l'interprétation judiciaires s'exercent de même de deux façons différentes : le traducteur judiciaire peut faire partie de l'administration de la Justice en étant un fonctionnaire employé par celle-ci à l'issue d'un concours d'accès ou parvenu à cette fonction par une autre voie admise, ou il peut faire partie de la base de données des entreprises prestataires de services auxquelles l'administration fait appel.

Les informations qui précèdent nous permettent de dégager deux généralités : d'une part, en Espagne, la traduction et l'interprétation certifiées et la traduction et l'interprétation judiciaires sont deux choses différentes et, d'autre part, dans le cas de la traduction et de l'interprétation certifiées, « la plupart de l'activité des traducteurs interprètes assermentés en Espagne (et parfois, aussi ailleurs) se déroule dans le secteur privé » (Barceló Martínez et Delgado Pugés, 2016, p. 126), affirmation dont nous convenons entièrement, alors que, en règle générale, le traducteur

16 L'article 7 du Décret royal 2002/2009, du 23 décembre 2009 modifie la dénomination du chapitre II « Des interprètes assermentés » en « Des traducteurs/trices-Interprètes assermenté-e-s ».

17 La seule accréditation professionnelle existant dans notre pays, liée au monde de la justice, est celle des interprètes assermentés [Notre traduction].

18 Bien que les deux figures puissent être incarnées par un seul professionnel, il convient de noter que tous les interprètes judiciaires ne sont pas des TIJ ou que tous les TIJ n'acceptent pas de travailler auprès des tribunaux ou sont des interprètes [Notre traduction].

interprète judiciaire travaille pour sa part en qualité de salarié de la fonction publique ou pour le compte d'institutions de l'administration de la Justice.

## L'EXPERT TRADUCTEUR-INTERPRÈTE (ETI) EN FRANCE

La première différence que le système français présente par rapport au système espagnol réside dans l'existence en France d'un organisme officiel chargé de concéder l'habilitation d'expert judiciaire traducteur-interprète (ETI). Cette nomination, pour la traduction et l'interprétation spécifiquement, fait partie de toutes celles qui se font au registre des experts judiciaires en France où les tribunaux eux-mêmes sont les instances chargées de délivrer l'autorisation de remplir la fonction de traducteur et d'interprète judiciaires et assermentés. De plus, il n'existe pas de mécanisme au niveau national. La demande se fait auprès d'un tribunal de grande instance. Après avoir consulté la page officielle de la Société française des traducteurs (SFT), nous avons pu constater que, pour devenir ETI, il est nécessaire de présenter un dossier précis au tribunal de grande instance de la juridiction dans laquelle le demandeur a son domicile. Ce dossier doit comporter des informations sur les diplômes et sur l'expérience professionnelle que réunit le candidat. Après avoir déposé ce dossier au tribunal de grande instance compétent, le candidat recevra une réponse de la cour d'appel dont il dépend, qui l'informera de la suite donnée à sa demande, à savoir de son inscription ou non sur la liste des experts.

En cas de réponse négative, la demande peut être renouvelée l'année suivante. Comme l'explique l'association française[19], la réponse obtenue dépend évidemment des qualifications mais aussi des besoins dans les langues pour lesquelles la demande a été faite, étant donné que certaines paires de langues comptent déjà un grand nombre d'ETI. Mais, en conclusion, en France, à la différence de l'Espagne, il n'existe aucun

19 Informations disponibles sur le site : www.sft.fr/faq-experts-de-justice.html#.WIuTG31SIhk [consulté le 10 octobre 2017].

examen spécifique pour devenir traducteur et interprète assermenté/ judiciaire. Une autre différence réside dans la validité de l'inscription (Rojo Chacón, 2015, p. 100) :

> *La inscripción adopta la forma de un régimen probatorio de dos años de duración, al término del cual se evalúa la experiencia del profesional y la adquisición de conocimientos jurídicos necesarios para el buen desempeño de la misión, con vistas a una posible reinscripción, previa solicitud por parte del profesional interesado. Si el dictamen de la comisión integrada por magistrados y peritos es favorable, se procede a realizar una inscripción por un periodo de cinco años*[20].

L'expert traducteur ou interprète assiste les tribunaux dans leur travail et il est un auxiliaire de justice. Il est nommé par l'autorité judiciaire (cour d'appel ou Cour de cassation) ou administrative (tribunal administratif, cour administrative d'appel ou le Conseil d'État) devant laquelle il prête serment.

En France, la demande à soumettre pour se faire inscrire sur la liste des experts judiciaires est faite séparément pour le domaine d'activité de la traduction et pour celui de l'interprétation. Tous les experts ne travaillent pas dans ces deux domaines d'activité. L'extrait du texte de la réglementation, cité par Fusilier (2010, p. 10) et retranscrit ci-après, décrit ce point en détail :

> Les notions de nomenclature et de rubrique se retrouvent dans l'article 1 de l'arrêté du 10 juin 2005 relatif à la nomenclature prévue par l'article 1 du décret n° 2004-1463 du 23 décembre 2004 (arrêté du 10/05/2005), dont l'article 1 est rédigé ainsi : « Les listes d'experts [...] sont dressées par les cours d'appel et par la Cour de cassation conformément à la nomenclature suivante, qui se divise en branches (ex. : A), rubriques (ex. : A.1) et spécialités (ex. : A.1.1) ». Suit une liste à la fin de laquelle on trouve la branche H, Interprétariat – Traduction, subdivisée en rubriques H.1 Interprétariat et H.2 Traduction. Pour chacune de ces deux rubriques sont détaillées les groupes de langues [...] ».

L'expert inscrit dans la rubrique Interprétariat peut être réquisitionné par un magistrat ou un officier de police judiciaire pour exercer ses

20 L'inscription prend la forme d'un régime probatoire de deux ans, au terme duquel l'expérience professionnelle et l'acquisition des connaissances juridiques nécessaires à la bonne exécution de la mission sont évaluées en vue d'un éventuel réenregistrement, à la demande du professionnel intéressé. Si l'avis de la commission composée de juges et d'experts est favorable, une inscription est faite pour une période de cinq ans. [Notre traduction]

fonctions. En matière pénale, un interprète doit être appelé lorsqu'une personne ne parlant ou ne comprenant pas suffisamment la langue française est interrogée à la suite de son placement en garde à vue ou de sa mise en examen, ainsi qu'à l'audience. Ceci vaut également si cette personne est un témoin (SFT)[21].

Si l'expert est inscrit dans la rubrique H.2 Traduction, il produit la traduction certifiée d'un certain nombre de documents, à la demande des juridictions, des administrations, de professionnels de la justice, d'entreprises ou de particuliers : actes de procédure, pièces produites devant les tribunaux, commissions rogatoires, actes d'huissier, actes notariés, documents administratifs et actes d'état-civil, contrats, articles de code de justice, etc. En matière pénale, la traduction des pièces en langue étrangère doit être confiée à un expert inscrit sur une liste de cour, sauf choix motivé d'un autre traducteur. En matière civile, le magistrat désigne la personne de son choix. Bien qu'il soit nécessaire de suivre deux procédures différentes pour se faire inscrire sur la liste des traducteurs et sur celle des interprètes, un professionnel peut demander son inscription sur les deux listes.

## QUELQUES REMARQUES EN GUISE DE CONCLUSION

Après avoir exposé les principales caractéristiques de l'accès à l'exercice de la profession de traducteur et d'interprète assermentés et judiciaires en France et en Espagne, nous pouvons affirmer pour conclure que les conditions d'exercice de l'ETI sont plus réglementées en France et qu'elles sont communes aux fonctions des traducteurs et interprètes assermentés et à celles de leurs homologues judiciaires. Dans le cas de l'Espagne, on observe, d'une part, que l'activité de la traduction certifiée y est bien délimitée moyennant l'accès à cette activité par la voie d'un examen organisé par le Ministère, qu'elle est exercée par des professionnels libéraux qui, pour la plupart d'entre eux, ne collaborent pas

21 Informations disponibles sur le site : www.sft.fr/faq-experts-de-justice.html#.WIuTG31SIhk [consulté le 10 octobre 2017].

avec l'administration de la Justice. Cependant, les fonctions assumées par les traducteurs et interprètes judiciaires dont la fonction n'est ni réglementée ni délimitée officiellement pour l'instant, empiètent parfois sur celles des professionnels assermentés. Quand viendra le moment de créer le registre dont nous avons parlé plus haut, nous nous trouverons en Espagne avec deux types de listes, l'une répertoriant les traducteurs et interprètes assermentés qui auront passé l'épreuve du Ministère et l'autre qui comportera les professionnels réunissant une formation et des compétences dans le domaine judiciaire suffisantes pour travailler au sein des organes de l'administration de la Justice.

Il apparaît donc que l'on ne peut comparer la situation de notre profession telle qu'elle est pratiquée en France et en Espagne : dans le seul secteur de la traduction certifiée, certains éléments sont concordants et d'autres divergents entre les systèmes des deux pays. Nous pensons avoir atteint notre but qui était de clarifier une situation professionnelle qui, même pour les principaux intéressés, reste quelque peu confuse.

Carmen Expósito Castro
Université de Cordoue
Espagne

# LE TRADUCTEUR CONFRONTÉ À LA TRADUCTION DES ACTES JUDICIAIRES

Le traducteur expert assermenté près une cour d'appel, voire la Cour de cassation, est censé traduire en priorité pour la justice des actes émanant des tribunaux (Monjean-Decaudin, 2012a, p. 37 *sqq.*). Par la traduction, il rentre dans la communauté des professionnels du droit. Des connaissances juridiques approfondies lui sont nécessaires.

La traduction juridique est tout à fait différente de la traduction littéraire à laquelle il est habitué. Le traducteur littéraire suit les intentions de l'auteur du texte : son savoir repose sur le biculturalisme et sur les subtilités des deux langues dans lesquelles il intervient. Dans la traduction juridique, le biculturalisme ne suffit pas. S'il ne connaît pas le droit, les mots peuvent l'amener à une traduction erronée ; il faut ajouter le vocabulaire juridique (Cornu, 2005). Ainsi, le traducteur passe d'un savoir littéraire à un savoir juridique. Ce savoir fera de lui un homme ou une femme d'intelligence juridique.

Tel le juriste, le traducteur ne peut pas tout savoir, mais tout traducteur devrait tout comprendre avant de traduire ; or cela n'est pas chose simple, puisque le droit est difficile pour le traducteur : la traduction juridique le conduit sur un terrain qui n'est pas le sien (Glanert, 2011, p. 7).

Nous entendons analyser non pas les difficultés de la traduction des actes juridiques en général, mais celles de la traduction des actes judiciaires lesquels constituent la part essentielle du travail du traducteur expert judiciaire. Ces traductions sont demandées par les tribunaux (le tribunal de grande instance ou la cour d'appel), le parquet, les avocats.

Les actes judiciaires à traduire sont envoyés par les tribunaux : jugements, arrêts, ordonnances du juge des libertés et de la détention et du juge d'instruction, mandats d'arrêt.

Les actes demandés par le juge d'instruction : les actes sur commission rogatoire internationale à destination de l'étranger ou en retour de l'étranger, les ordonnances de renvoi devant le tribunal correctionnel (ORTC) ou de mise en accusation devant la cour d'assises, les ordonnances de maintien en détention provisoire ou de maintien des mesures de contrôle judiciaire ou tout autre acte utile à l'enquête pénale.

Les actes demandés par le parquet : les mandats d'arrêt, les significations, les jugements (aux fins de signification aux intéressés et de leur mise en exécution), les courriers émanant des autorités judiciaires étrangères ou leur étant destinés.

Par le greffe d'audiencement : les citations à détenu, les mandements à citation, les convocations à victime.

Par les avocats : les assignations ou les significations, les rapports d'expertises ou les conclusions d'avocats à destination des tribunaux.

## DIFFICULTÉS DE LA TRADUCTION DES ACTES JUDICIAIRES

Faut-il être juriste pour traduire le judiciaire ? Nous partons du postulat que le droit est accessible au justiciable. Il existe en chaque personne une conscience juridique native. Le traducteur est donc en mesure de comprendre et de traduire le droit ; peu importe le degré de difficulté du texte, il s'efforce toujours d'établir une certaine équivalence entre l'original et la traduction.

Mais la traduction juridique exige une initiation préalable au droit et au vocabulaire juridique, de la recherche et de la prudence puisque chaque procédure judiciaire a son propre langage. Dans la traduction des actes judiciaires, deux axes se profilent au niveau des difficultés rencontrées par le traducteur : d'abord, celles liées à la valeur juridique donnée à la traduction et ensuite, celles liées à la nature spécifique des actes judiciaires.

### SUR LA VALEUR DE LA TRADUCTION DES ACTES JUDICIAIRES

La traduction est un acte de procédure probant et sincère, soumis au contradictoire.

### *Valeur probante et sincère*

La traduction des actes judiciaires a d'abord une valeur probante et sincère ; des conséquences juridiques seront tirées par les juridictions. La traduction écrite laissant certes des traces, nul ne doute qu'elle puisse être contestée. Le législateur a inséré dans l'article 434-18 du Code pénal l'infraction de dénaturation d'acte de traduction et d'interprétariat. La traduction qui ne rend pas compte fidèlement de la substance de l'écrit au point d'en changer le sens constitue une dénaturation. De même qu'une traduction incomplète (Detraz, 2008, p. 340). La loi sanctionne pénalement les abus dans la traduction car elle est un document qui peut avoir l'effet d'établir la preuve d'un droit ou d'un fait ayant des conséquences juridiques. C'est un élément majeur qui distingue la traduction judiciaire de la traduction littéraire, dont la dénaturation ne donne droit qu'à la réparation d'un préjudice civil.

### *Soumission au contradictoire*

Toute traduction déposée dans une procédure judiciaire est soumise au contradictoire : les parties peuvent la contester devant le juge qui l'avait ordonnée. Le juge n'est certes ni technicien ni traducteur. Mais lorsque la traduction se fait vers le français, il peut donner son avis puisque, intellectuellement, il « a la main » sur la traduction : il appréciera la traduction qui s'approche de son langage, le juridique.

Si elle se fait vers une autre langue, l'avocat de l'intéressé peut soulever ses irrégularités. Lorsque la traduction paraît inexacte, il s'en réfère au juge d'instruction avec des observations écrites et lui demande d'ordonner une autre traduction par un autre traducteur. Cette démarche particulièrement simple n'est autre que la manifestation du principe du contradictoire figurant en matière pénale dans l'article préliminaire du Code de procédure pénale. La traduction a valeur d'expertise ; elle se doit d'être discutée contradictoirement. Les avocats reçoivent copie de la traduction via le juge d'instruction. Le contrôle de la traduction appartient au juge qui a le pouvoir de demander des explications au traducteur en cause ou d'en désigner un autre.

L'erreur en traduction peut survenir de la connaissance insuffisante du système source ou cible ou du langage du procès, voire de la traduction mot à mot. L'erreur dans la traduction ne peut être tolérée puisque les actes juridiques traduits produisent des effets juridiques et ont la vocation d'être exécutés.

## SUR LA NATURE DES ACTES JUDICIAIRES À TRADUIRE

Le droit est difficile pour le juriste et il l'est également pour le traducteur et ce, pour plusieurs raisons : il fonctionne par une multitude de branches ; il prend la forme d'un système englobant des concepts ; il emploie un vocabulaire propre ; il s'exprime sous la forme d'un discours législatif et judiciaire. Face à la complexité du droit, les praticiens du droit se spécialisent : certains juristes du commerce international sont des spécialistes d'une seule clause de contrat ; les enjeux sont grands.

Cette complexité crée des obstacles à la traduction (Irimia, 2016, p. 331). Faudrait-t-il que les traducteurs se spécialisent ? Qu'ils ne traduisent que des brevets ? Certains le font, mais ils ne progressent pas. Devant ce grand dilemme, nous pensons qu'il faudrait commencer par aborder le droit par la bonne maîtrise des actes judiciaires (le traducteur expert est avant tout au service de la cour d'appel qui l'a assermenté) et ensuite, par la maîtrise des autres actes, pas par pas.

Dans la traduction juridique en général et judiciaire en particulier, c'est le droit qui est compliqué. Quelques traits de ces difficultés seront abordés.

## TRADUIRE DES CONCEPTS

La traduction judiciaire ne se fait pas mot à mot. Deux systèmes n'ont pas la même formulation des principes, des concepts juridiques. Ce sont les concepts qu'il faut traduire. Ils se cachent sournoisement derrière les mots.

Un même concept existe dans les deux systèmes de droit mais chaque système peut l'exprimer différemment, ce que la traduction ne peut pas ignorer. Par exemple, comment exprimer les frais de procédure auxquels une personne est redevable après une condamnation pénale ? Le juge pénal français, après avoir déclaré la personne coupable et après avoir fixé la peine, invoque l'article 1018 du Livre de procédure fiscale ainsi rédigé : condamne à un droit fixe de procédure de 127 euros.

Or la traduction mot à mot de ces trois mots combinés « droit fixe de procédure » ne donnera pas l'information exacte au juriste du système cible non connaisseur du Livre de procédures fiscales français si le traducteur ne trouve pas les mots pour exprimer qu'il s'agit de « frais de procédure » mis à la charge de la personne condamnée. Le système cible peut exprimer cette obligation de paiement des frais de procédure au moyen d'un texte de procédure pénale plus explicite et à la portée de tout le monde, alors que le droit français utilise un texte du Livre de procédure fiscale, réputé pour sa complexité.

De même, lorsque le juge de la chambre pénale d'une cour d'appel chargé de la rédaction de l'arrêt énonce dans le dispositif de cet arrêt avoir décidé « seuls et ensemble ». Ces deux mots cachent en réalité deux grands principes de la procédure pénale : le respect du secret absolu du délibéré (seuls) et le principe de la collégialité ou du délibéré collégial de juges (ensemble) (Pradel, 2011).

## TRADUCTION ADAPTÉE AU DISCOURS LÉGISLATIF ET JUDICIAIRE

Le droit s'exprime sous trois formes de discours : législatif (texte de loi, articles), judiciaire (langage des juges) et commun (l'exposé des faits, le discours des parties). Le langage législatif est un langage neutre ; il exprime une marque de généralité (Cornu, 2005, p. 264). Le langage judiciaire est lié à la nature de la fonction du magistrat ; il peut varier d'une chambre à l'autre, d'un magistrat à l'autre (Cornu, 2005, p. 335).

Le traducteur est amené à traduire des textes de loi. Si, par exemple, il traduit des documents dans le cadre d'une commission rogatoire internationale ayant pour objet des faits d'escroquerie à l'aide d'une carte bancaire falsifiée, des textes du Code monétaire français seront joints et il doit également les traduire.

### *Style du discours législatif*

La loi exprime le plus souvent un ordre, une injonction, un commandement. Comment les exprimer ? Il faut occulter l'ordre, le rendre plus discret, plus diplomatique. Il faut savoir d'abord que l'obligation n'est pas exprimée par l'impératif mais par l'emploi de l'indicatif présent du verbe (Cornu, 2005, p. 268). Il est presque généralisé ; l'indicatif présent suffit pour marquer l'obligation[1]. Il a valeur d'impératif. La commission de modernisation du langage judiciaire a émis, dans la circulaire du 15 septembre 1977 relative au vocabulaire judiciaire, des recommandations : « Il n'y a pas lieu, sous prétexte de renforcer le caractère impératif d'une obligation, de recourir au mot "doit" ; le simple présent de l'indicatif du verbe principal suffit[2] ».

Une autre règle est à retenir : le verbe est exprimé à la troisième personne du singulier ou du pluriel (Cornu, 2005, p. 278) (le caractère général et impersonnel de la loi).

Dans ce contexte bien précis, le verbe joue un rôle très important pour exprimer l'obligation.

Et la traduction ? Le traducteur reproduit le style employé pour la rédaction du texte de loi à traduire ; il s'intéresse également au bon usage du verbe qui exprime l'obligation.

Chaque système a, d'autre part, sa modalité d'exprimer le droit. Nous donnons un exemple de procédure pénale qui apparaît souvent : la traduction des infractions insérées dans la partie spéciale du Code pénal. Le législateur français a choisi de mettre l'accent sur les faits réprimés et non pas sur la personne qui les a commis : « le fait de… est puni de… ». Ce qui n'est pas le cas dans d'autres systèmes où l'accent est mis sur l'auteur des faits.

### *Style judiciaire*

Le style varie en procédure pénale et civile (Cornu, 2005, p. 335). Il varie aussi selon qu'il s'agit d'une ordonnance (du juge des libertés et de la détention ou du juge d'instruction), d'un jugement (du tribunal correctionnel) ou d'un arrêt (de la chambre d'appel, de la chambre de l'instruction ou de la cour d'assises). Au sein d'une même cour d'appel, le style varie d'une chambre à l'autre ; au sein d'un même tribunal, d'un juge à l'autre (Mimin, 1988). Leur point commun : le langage soigné, mesuré, dense ; le but recherché est la concision et la clarté (Cornu, 2005, p. 338 et 342).

1 Exemple : « Les parties se défendent d'elles-mêmes » (art. 853 C. pr. civ.). C'est que les parties doivent se défendre d'elles-mêmes.

2 La circulaire du 15 septembre 1977 relative au vocabulaire judiciaire, publiée au JO 24 septembre 1977, p. 1720.

Faut-il constamment changer le style de sa traduction ? Certainement oui parce que le style de la traduction dépend de la nature de l'acte à traduire. Le traducteur doit jouer sur ces trois registres et changer de style à chaque fois qu'il a à traduire un texte de loi, un jugement, un contrat.

Que dire des outils de la motivation des décisions ? Tout jugement doit être motivé en fait et en droit. Parmi les outils de la motivation, d'abord les « attendus ». En général, chaque motif est introduit par un « attendu que » ; il le divise, le fait progresser ; il contribue à la concision du discours ; il exprime l'idée que le jugement est un acte de justice qui relève de l'autorité de l'État et qu'il n'est pas rendu au nom du (des) juge(s).

Ensuite, les expressions : « sur le premier moyen », « sur la compétence », « sur la recevabilité de la demande », « sur le fond », « en fait », « en droit ». Ce sont des outils grammaticaux, lesquels servent de repères aux questions qui divisent l'objet du litige. Ce que le traducteur doit bien manier lors de sa traduction.

Les jugements sont rendus pour exprimer généralement une obligation de faire ou de ne pas faire. Si c'est en pénal, une condamnation ou une relaxe ; si c'est en civil, une condamnation civile. Comment exprimer l'obligation ? Il existe un langage spécifique. L'obligation se retrouve dans le verbe du dispositif du jugement. Comme la loi, le jugement est un acte d'autorité : acte par lequel l'État rend justice aux justiciables. Le juge se trouve dans une position de pouvoir. Le recours à la justice tient de l'autorité de l'État. Il exprime cet acte d'autorité par un langage neutre, de mise à distance et par un emploi spécifique des verbes d'obligation.

Et le traducteur ? Il connaît les verbes spécifiques à la condamnation pénale. Il existe une gamme de verbes avec sens fort de condamnation et verbes avec sens moins fort mais toujours dans le sens d'une obligation (*Cf.* annexe I). Il existe également les verbes de la condamnation civile avec sens fort et moins fort de condamnation (*Cf.* annexe I).

## VOCABULAIRE JURIDIQUE

En judiciaire, chaque procédure a son propre langage (Cornu, 2005, p. 335). En matière pénale, le vocabulaire varie en partant de l'enquête pénale vers l'instruction pour arriver au jugement. Le vocabulaire employé à la cour d'assises change par rapport à celui de l'audience correctionnelle de jugement. À la cour d'assises, les paroles sont ritualisées ; l'ordonnance de renvoi du juge d'instruction devient l'ordonnance de mise en accusation ; l'accusé assis dans le box est le prévenu des audiences correctionnelles, mais toujours bénéficiaire d'une présomption d'innocence jusqu'au prononcé du verdict. La décision porte le nom de verdict. S'il n'y a pas de condamnation, les juges prononcent un acquittement et non pas une relaxe comme en correctionnel. L'accusé est présent à l'audience, forcément extrait de sa maison d'arrêt. Si l'accusé est absent, il sera jugé par défaut appelé « défaut criminel », la notion de contumace n'étant plus employée après la grande réforme de la cour d'assises du 2012. Il sera représenté par son avocat, garant de ses droits et ayant fait sa défense comme s'il était présent.

Le vocabulaire varie d'une juridiction à l'autre. Par exemple, pour déclarer admise l'action civile formée par un défendeur contre son adversaire, le juge du tribunal de grande instance utilise ces expressions : « reçoit ou accueille la demande », « fait droit à la demande ». Pour la rejeter : « rejette, ne fait pas droit à la demande ou déboute X de sa demande ». Alors que pour dire la même chose, les juges de la cour d'appel : « confirme le jugement rendu par le juge de première instance » (pour dire que l'appel formé par l'appelant est rejeté) et « infirme le jugement » (pour dire que l'appel est reçu). C'est tout l'inverse.

Il y a aussi le vocabulaire du palais de justice qu'utilisent les juges, les avocats. Lorsque le juge d'audience pénale s'adresse au ministère public énonçant que le prévenu n'a pas été « touché », c'est pour dire qu'il n'a pas reçu la citation et ne l'a pas signée et le jugement sera rendu donc par défaut.

Certaines expressions relèvent du langage du palais : « traduire quelqu'un devant le tribunal », « déférer », « être défaillant » en pénal, « non-lieu », « non-lieu à poursuivre », « verser ou produire des actes aux débats », « produire en justice », « débouter X de la demande de… », « affaire pendante », « diligenter une procédure », « faire acte par le tribunal », « allouer/octroyer une indemnité », « un dire d'expert », « nonobstant », « faire grief » et tant d'autres. Il est également à noter l'emploi de quelques expressions : « audience-relais », « audience pour fixation ou pour ordre », pour dire que l'affaire sera jugée à une autre date, après un renvoi.

Parfois, on entend en audience pénale l'avocat de la partie civile demandant au juge de « condamner X à telle peine qu'il lui plaira », cela signifie de condamner X au vu des éléments de fait et de droit évoqués dans l'affaire et non d'après ce qui peut plaire au juge (le juge obéit à la loi et ne statue pas selon son bon vouloir).

### CHANGEMENT DU DROIT

Le droit n'arrête pas son processus de modernisation. Le législateur français a procédé à la mise à jour des codes ou à leur réécriture. Il est difficile de croire que le traducteur puisse suivre le droit dans son mouvement. Pourtant, les modifications survenues au niveau des procédures judiciaires sont à suivre obligatoirement. Par exemple, les procédures devant le juge des affaires familiales, suite à diverses réformes du Code civil, des notions nouvelles sont apparues. La notion de « garde de l'enfant » a disparu au profit de « l'exercice de l'autorité parentale » comme l'ensemble des droits et obligations dont les parents sont titulaires à l'égard de leurs enfants. La notion de « déchéance de l'autorité parentale » au profit du « retrait de l'autorité parentale ». Le langage de la contribution alimentaire a changé : la notion de « pension » a laissé place à celle de « contribution des pères et mères aux frais d'entretien et d'éducation de son enfant » (art. 203, 371-2 et art. 37-2-2 Code civil) ou de « prestation compensatoire » due entre ex-conjoint après un divorce (art. 2070 Code civil).

### AFFIRMER LA SPÉCIFICITÉ DE CHAQUE SYSTÈME

Il n'est pas facile pour le traducteur d'affirmer la spécificité de chacun des deux systèmes. Il sera partagé entre deux choix.

En premier lieu, le fait que certains juristes français attendent une traduction dans le langage qui leur est propre, voire cher. Ils s'intéressent peu au droit étranger (hormis les juristes comparatistes) ; ils acceptent difficilement de faire autrement. Si la traduction ne respecte pas leurs habitudes, ils diront qu'elle n'est pas conforme. Cela a une toute autre explication : il est dans la tradition du droit français d'avoir une tendance à l'universalité. Certains juristes français attendent de retrouver les notions du droit français partout et ils s'étonnent que, dans un autre système, elles puissent être différentes.

Ensuite, le fait de ressortir les spécificités du système étranger source. Il existe un grand intérêt à cela, malgré la résistance de ceux qui voient du droit français partout. À titre d'exemple, dans les actes judiciaire, le juge d'instruction a besoin de comprendre comment fonctionne l'autre système de droit lorsqu'il délivre une commission rogatoire internationale ; ce n'est qu'ainsi que des mesures de coopération judiciaire peuvent être mises en place. De même pour le parquet lorsqu'il met en œuvre des mandats d'arrêt européen ou des demandes d'extradition.

Il est malheureux de constater que certains traducteurs emploient à tout prix la notion de « mise en examen » pour dire que des poursuites ont été engagées dans une procédure pénale par le parquet étranger et ce, pour copier le système français de procédure pénale attaché à la notion de juge d'instruction. Alors que, dans le système source, il n'existe pas de juge d'instruction et que la notion de « mise en mouvement de l'action pénale » sera la notion la plus appropriée.

Pourtant, il convient d'avouer que traduire du français vers un système de droit du groupe romano-germanique (la plupart des systèmes européens) ne pose pas de grandes difficultés. Le droit français, dont les racines sont imprégnées de droit continental, est un droit de référence pour d'autres systèmes ; la tradition juridique française est ancienne. Le droit français a servi de modèle à d'autres systèmes. Il en résulte que le traducteur traduisant vers un système qui s'est inspiré du droit français n'aura pas de difficultés insurmontables : il peut jouer sur les similitudes des principes généraux sur lesquels se fondent les deux systèmes juridiques.

## OPPOSITION DROIT/TRADUCTION

Le droit tranche, hiérarchise ; il fonctionne à travers les droits et les obligations ; il ne se développe que dans la généralité et l'abstraction. Les actes judiciaires (les décisions) expriment le droit appliqué à un cas individuel. Le juge applique le droit à des cas individuels et rend une décision à la suite d'un débat relatif à la règle de droit applicable dans un langage qui lui est propre. Le procès réclame plusieurs registres de discours : celui des parties sur les faits – langage commun (elles exposent les faits dans un langage courant) ; celui des avocats (ils présentent les faits et leur donnent une qualification en droit) ; celui du juge (il s'entretient avec le justiciable dans un langage compréhensible pour lui ; il emploie une langue officielle, légitime pour la rédaction de son jugement). Il traduit les faits dans le langage juridique. Son style repose sur la syntaxe et la grammaire ordinaire. Il est spécial ; il présente certains particularismes liés à la nature de la fonction du magistrat : mesuré, prudent, les phrases sont claires, correctes. Les termes sont choisis avec soin, la syntaxe et la grammaire respectée afin d'assurer la clarté et la concision de la phrase, la dignité du style judiciaire.

Cela met le traducteur dans une situation inconfortable. Le droit se produit pour ce qui est du langage officiel du juge dans la sècheresse de la démonstration juridique à laquelle le traducteur, non habitué, doit se soumettre lorsqu'il traduit. Or, à défaut de formation juridique, il ne sera forcément pas préparé à un tel défi. Il passe d'une traduction souvent littéraire, confortable à une traduction dont les règles sont forcément dictées par le droit.

## TECHNIQUE DE TRADUCTION

Il est difficile d'envisager des règles de traduction des actes judiciaires. Si le juriste étranger destinataire retrouve dans la traduction l'intégralité des informations énoncées dans l'acte dans une logique juridique à laquelle il est habitué, c'est que la traduction est parvenue à sa finalité. Le traducteur suit la logique juridique observée par le rédacteur de l'acte et observe également le style de rédaction des praticiens du droit du système cible. Quelques idées sont à retenir :

### LOGIQUE JURIDIQUE

Chaque système est tributaire de sa propre culture juridique et a sa propre manière de dire le droit et de rédiger les actes judiciaires. Il convient de rappeler que le système français est allé loin. Œuvre des universitaires, des juges, il est extrêmement riche en expressions. Tel n'est pas le cas des autres systèmes, moins riches. Les juristes étrangers, par exemple, ont du mal à comprendre les arrêts de la Cour de cassation (Touffait et Mallet, 1968, p. 123). Certains concepts ou termes français n'ont pas de correspondant dans les autres systèmes. Se pose ainsi la question de savoir comment les traduire.

Parfois, lors d'une traduction vers le français, le texte est mal rédigé, le traducteur perd plus de temps à comprendre ce texte qu'à le traduire.

L'art du traducteur consiste à parvenir au résultat attendu malgré les difficultés auxquelles il est confronté. Il ne peut pas affirmer le fait qu'il ait traduit tous les mots. Ce serait faux. L'art de traduction consiste à parvenir à un texte qui soit juridiquement logique au sens du système cible et des habitudes des juristes de ce système.

Pour y parvenir, quelques techniques sont à sa portée :

- Ne pas traduire tous les mots
  Réaliser une bonne traduction ne revient pas à traduire tous les mots ; le traducteur peut en ignorer certains. Prenons cette phrase comme exemple de traduction du français : « Attendu que le tribunal considère qu'il y a lieu d'ordonner le renvoi de l'affaire avant dire droit et sursis à statuer sur l'action publique à l'audience du... devant la 11e chambre du tribunal correctionnel de... ». L'expression « avant dire droit et sursis à statuer » est une redondance (le jugement de l'affaire aura lieu plus tard).
- Ajouter des mots
  Quelque fois il faut ajouter des mots. Voici par exemple cette phrase : « le juge est incompétent pour connaître de l'affaire ». Pour que la traduction n'arrive à quelque chose d'absurde, il faut ajouter dans ce sens : « le juge est incompétent matériellement ou territorialement pour juger l'affaire ».

### SUIVRE LE CONTEXTE DE LA PROCÉDURE

Il est nécessaire de suivre l'enchaînement des faits et de respecter le vocabulaire qui convient à chaque étape de la procédure. Prenons par exemple la procédure pénale. Au début de l'enquête, un individu soupçonné d'avoir commis une infraction s'appelle le « suspect ». Placé en garde à vue, il s'appelle le « mis en cause ». Présenté devant le juge d'instruction, il devient le « mis en examen ». Comparaissant devant le juge d'audience, il s'appelle le « prévenu » et, une fois condamné, le « condamné ».

Selon le contexte de la procédure, le vocabulaire évolue : le mis en cause est auditionné par les officiers de police judiciaire ; le mis en examen est interrogé par le juge d'instruction ; le prévenu est auditionné ou interrogé par le juge d'audience. Mais le ministère public est entendu en ses conclusions, les avocats en leurs conclusions, les parties civiles en leurs déclarations.

LANGAGE NEUTRE

Dans l'écrit judiciaire, les phrases sont courtes mais très denses. Il existe aussi un recours considérable aux expressions neutres pour marquer un langage de mise à distance (le rédacteur disparaît derrière son propos). Les juges français utilisent presque systématiquement des expressions neutres (Cornu, 2005, p. 333 *sqq.*). Donnons à titre d'exemple quelques expressions neutres utilisées dans les jugements : « attendu que », « il y a lieu de statuer par jugement contradictoire », « il y a lieu par conséquence de… », « il résulte des documents de la cause que… », « il a été procédé à l'audition du prévenu…. », « après en avoir délibéré », « il ressort des éléments du dossier et des débats », « il y a lieu de faire application de la loi pénale », « il a été indiqué que… », « les juges ne sauraient prononcer une peine d'une durée supérieure à… », « il ne peut être prononcé qu'une seule peine… », « il ne saurait être fait grief à une cour d'appel d'avoir retenu le délit de…. », « il en est de même… », « il est irrecevable le moyen qui tend à mettre en cause l'appréciation faite par… » (*Cf.* aussi annexe II).

L'usage des expressions neutres est à conseiller : le ton neutre, la forme passive ou impersonnelle. L'emploi correct des outils de mise à distance apportera une valeur certaine à la traduction.

Le traducteur s'interroge si les juges du système cible utilisent ou non le langage neutre. Si ce langage neutre n'est pas ou est rarement utilisé, se pose la question de savoir comment faire pour le restituer selon les usages de l'autre système ? Le traducteur introduit la notion « le tribunal », « l'instance » ou « la cour » (s'il s'agit de cour d'appel ou de la Cour de cassation), le juge : « statue », « apprécie », « considère que… », « juge », « décide », « déclare », « estime », « constate », « retient », « rappelle », « examine », « relève », « indique », « expose ». Ou alors : « le juge tient de l'article X la seule mission de vérifier… », « le tribunal est amené à statuer… », « le tribunal fait prévaloir l'article … », « écarte l'article… ou la demande de… », « a recours à… », « tient compte de[3]… ». Le

3 Exemples : 1. « La cour considère que doit être annulée la poursuite du chef de maintien irrégulier d'un étranger en France fondée sur un contrôle d'identité illégal. » 2. « Dans

traducteur échappe ainsi au langage neutre utilisé dans les jugements français, ce qui le conduira à une traduction plus proche des habitudes des juges du système cible.

PIÈGES PHONÉTIQUES

Le traducteur ne doit pas tomber dans le piège phonétique. Il existe des mots qui ressemblent phonétiquement à d'autres mots de la langue cible. Par exemple, la notion « d'opposition » en procédure pénale. L'opposition est un recours contre le jugement de condamnation rendu par défaut : l'intéressé peut voir rejuger son affaire une seconde fois par le même tribunal correctionnel, voire le même juge, ce qui lui fait gagner un degré de juridiction (s'il n'est pas content, il peut ensuite former appel à la cour d'appel). Or, malheureusement, les interprètes à l'oral ou les traducteurs à l'écrit emploient à tort ce terme en lui donnant la valeur d'une simple « opposition » sans faire ressortir la possibilité de rejuger l'affaire par la même juridiction.

STYLE DE LA TRADUCTION

Le texte traduit doit être clair et précis ; les phrases courtes sont privilégiées. Le style est varié et élégant mais précis car la priorité est donnée à la précision et à la concision ; chaque mot donne à la phrase le maximum de densité.

Lors d'une traduction juridique, il faut éviter d'ajouter, d'embellir le texte, de prendre des libertés au niveau du style sous couvert de « bonne littérature ». Le traducteur juridique étant avant tout un rédacteur, son style, à l'image des rédacteurs en juridique, est précis, rigoureux, concis, clair, direct et parcimonieux. Il faut alléger, écourter, simplifier la phrase. Si les phrases sont longues, les diviser par des points et virgules. En termes de style : rejet des pléonasmes vicieux, des mots surabondants, des conjonctions multiples, de tous les parasites. Il est communément admis d'éviter les termes inutiles.

Pour simplifier la phrase et l'alléger, il convient de recourir plutôt aux verbes qu'aux substantifs de la même famille de mots. Les verbes abondent dans l'écrit judiciaire.

---

l'espèce rapportée, la cour avait considéré que l'ordonnance du premier président s'imposait aux parties comme à la juridiction de jugement. »

Il existe quelques techniques spécifiques à l'emploi du verbe afin de simplifier la phrase :

*Usage de l'infinitif du verbe*

L'infinitif est la forme du verbe trouvée dans les dictionnaires. Il est utilisé très fréquemment dans les actes judiciaires. Tout particulièrement, dans les assignations rédigées par les avocats. De même, dans les motifs des jugements et arrêts lorsque le juge synthétise ou relate ce que les parties lui ont demandé de juger (leurs prétentions).

*Enchaînement de verbes*

Dans les actes judiciaires, le recours à l'enchaînement de plusieurs verbes est une technique de rédaction spécifique et courante (Cornu, 2005, p. 349). Cela permet de ne pas passer par les substantifs notamment ceux finissant en « on » (comparution, présentation...) qui donnent une certaine lourdeur à la phrase (*Cf.* annexe III).

*Recours à la substantivation du verbe*

Le droit français accepte quelques dérogations : l'emploi des participes présents ou passés des verbes comme substantifs, en leur adjoignant un article (Cornu, 2005, p. 155-156). Il s'agit de transformer le participe présent ou passé du verbe en substantif pour éviter la périphrase (celui qui déclare, dispose, adopte, etc.). La périphrase consiste à dire en plusieurs mots ce que l'on pourrait dire en utilisant un seul terme. Elle permet d'éviter les répétitions, d'apporter des précisions ou encore de mettre en valeur une caractéristique.

Cette dérogation contribue à rendre le texte plus clair. Dans l'écriture juridique, la clarté doit primer et, pour y parvenir, il faut éviter avant tout les phrases trop longues. Une phrase courte est mieux comprise par le destinataire. Avant d'être respecté, l'acte juridique doit être compris par le justiciable. D'où l'intérêt de bien rédiger les actes juridiques.

Cette règle est très importante dans la traduction : la périphrase rallonge (alourdit) le texte, alors qu'un seul mot (approprié) a pour effet d'en épargner une dizaine.

*Usage du participe présent*

En voici quelques exemples :

- le verbe « plaider », « plaidant », « le plaidant » au lieu de dire « celui qui plaide en justice », « la partie au procès » ou « partie plaidante » ;
- le verbe « déclarer », « déclarant », « le déclarant » au lieu de dire « celui qui fait une déclaration ».

*Usage du participe passé*

(*Cf.* annexe IV)

## CONCLUSION

Dans sa double déclinaison normative et linguistique, le droit dicte la façon de traduire. La traduction d'actes juridiques est par essence une écriture juridique ; elle est tributaire des exigences de l'écrit judiciaire. Ce qui fait que le traducteur n'a pas une grande marge de liberté, car il est tenu de respecter la façon d'exprimer le droit. Le traducteur est contraint de s'adapter constamment à la nature de l'acte à traduire et au vocabulaire de la procédure visée par cet acte.

Le lien intime étant créé entre le droit et la traduction, la traduction n'est qu'une autre façon d'exprimer le droit, d'où la responsabilité qui revient au traducteur. Le traducteur sera jugé en fonction du vocabulaire qu'il emploie.

Deux obstacles se posent à lui, les langues et le droit : les langues ne sont difficiles que pour ceux qui ne les maîtrisent pas ; le droit n'est insurmontable que pour ceux qui ne s'intéressent pas à lui.

C'est le droit qui pose problème au traducteur et non pas les langues. La traduction est en fin de compte affaire de culture juridique, d'expérience et de pratique du droit. La formation y joue un rôle.

Comment réussir sa traduction ? L'expérience joue surtout. Il faut, sans doute pour surmonter les difficultés que le droit tend à la traduction, avoir des qualités intellectuelles indispensables et un savoir-faire. De l'éducation, de la culture juridique. Il faut encore un certain amour pour le droit.

Dorina IRIMIA
Expert agréée par la Cour de cassation
et cour d'appel de Lyon,
formatrice en droit
France

## ANNEXE I

### VERBES DE LA CONDAMNATION EN DROIT PÉNAL

Avec un sens fort de condamnation : condamner, ordonner, rejeter, maintenir, décerner (mandat) :

- *Condamner* : « condamne X à trois ans d'emprisonnement »
- *Ordonner* : « Ordonnons que la personne mise en examen soit mise en liberté », « Ordonnons le maintien en détention provisoire jusqu'à sa comparution devant la juridiction de jugement », « Ordonnons par ordonnance distincte et motivée de ce jour, le maintien de X en détention provisoire », « Ordonne le renvoi avant dire droit et sursis à statuer sur l'action publique de l'affaire à l'audience du… devant la 11e chambre correctionnelle du tribunal de grande instance de… »
- *Rejeter* : « rejette la demande de mise en liberté formée par X »
- *Maintenir* : « maintient les effets du mandat d'arrêt du juge d'instruction délivré le… à l'encontre de X »
- *Décerner* : « décerner mandat d'arrêt à l'encontre de X »

Verbes moins forts mais avec une valeur certes de contrainte ou d'obligation utilisés dans les décisions. Effet d'euphémisme : déclarer, dire, relever, rappeler, informer, mander et ordonner, enjoindre, requérir, fixer, laisser, indiquer, réserver, informer :

- *Déclarer* : « déclare X coupable des faits qui lui sont reprochés »
- *Dire* (dans le sens de « décider » et non de « dire ») :
  - Le juge d'instruction (exemples employés dans une ordonnance de renvoi devant le tribunal correctionnel) : « disons n'y avoir lieu à suivre en l'état contre quiconque de ces chefs » ; « disons qu'au vu de l'ancienneté des faits et des perspectives d'audiencement, il n'apparaît pas utile de maintenir le contrôle judiciaire » ; « en conséquence, dire n'y avoir lieu à la mise en accusation du prévenu et de le renvoyer devant le tribunal correctionnel après avoir requalifié les faits »

- Le juge pénal : « disons que le ministère public devra informer la victime de son droit de citer l'auteur des faits à ses frais à une audience du tribunal correctionnel, lequel statuera sur les seuls intérêts civils, au vu du dossier de la procédure qui sera versé aux débats ».
- La cour de cassation (arrêt) : « attendu que, pour dire la prévention établie, l'arrêt relève que la prévenue reconnait la nécessité de formation pour le conducteur auto qui lui aurait permis de se rendre compte du danger »

– *Relever* : « relève l'état de récidive légale de X »
– *Rappeler* : « rappelons que conformément à l'article..., nul ne peut valablement disposer des biens saisis / rappelle que, à défaut de consignation, la décision de désignation d'un médiateur sera caduque »
– *Informer* : « informons X qu'il doit signaler auprès du procureur de la République, jusqu'au règlement définitif de l'affaire, tout changement de l'adresse déclarée lors de la mise en examen »
– *Mander et ordonner* : « mandons et ordonnons à tous les officiers ou agents de police judiciaire et tous agents de force publique de rechercher et de conduire devant nous ou à défaut devant le président du tribunal ou le magistrat qu'il aura désigné, en se conformant à la loi, la personne susvisée »
– *Enjoindre* : « enjoignons le cas échéant au directeur de la maison d'arrêt de..., de la recevoir et de la détenir en état de mandat d'arrêt jusqu'à ce qu'il en soit autrement ordonné »
– *Requérir* : « requérons tout dépositaire de la force publique auquel le présent mandat sera exhibé de prêter main-forte pour son exécution en cas de besoin »
– *Fixer* : « fixe à... la somme que devra consigner X à titre de provision à valoir sur la rémunération du médiateur »
– *Laisser* : « laisse les dépens à la charge du Trésor public »
– *Indiquer* : « indiquons que cette ordonnance sera traduite dans les meilleurs délais et communiquée à M. X à l'adresse déclarée »
– *Réserver* : « réservons les dépens »
– *Informer* : « informons X qu'il doit signaler au procureur tout changement de domicile »

VERBES DE CONDAMNATION EN CIVIL

*Avec sens fort de condamnation*

En civil, la condamnation est d'ordre pécuniaire (indemnisation). En droit de la famille, par exemple, prononcer le divorce et statuer sur des mesures concernant la résidence des enfants et la contribution à l'éducation des enfants ou aux charges de la famille. Les verbes varient d'un domaine à l'autre : droit civil, droit commercial, droit de la famille, droit du travail, etc.

Verbes avec un sens fort de condamnation ou de décision : ordonner, condamner, indemniser, faire sommation, annuler, recevoir, débouter, rejeter, statuer, juger, donner acte, annuler, censurer, confirmer, infirmer :

- *Ordonner* : « ordonner l'exécution provisoire du jugement dans ses dispositions civiles », « ordonner le jugement à intervenir », « ordonner l'exécution provisoire pour le tout »
- *Condamner* : « il est demandé à la cour de condamner l'appelant à payer la somme de 600 euros au titre de préjudice moral », « un arrêt qui condamne à verser des dommages et intérêts non demandés viole l'article 4 du Code de procédure civile »
- *Indemniser* : « il est demandé au tribunal de condamner X à indemniser la partie civile »
- *Sommer* : « par cet acte dit que soient sommés les avocats adverses d'être présents à l'audience de mise en état »
- *Faire sommation* : « faire sommation à Madame de réintégrer le domicile conjugal »
- *Annuler* : « annuler l'avertissement prononcé le 15 juin 2015 », « prononcer la nullité de la procédure disciplinaire et de la mise à pied conservatoire notifiée le 19 juin 2015 »
- *Recevoir* : « recevoir l'intervention volontaire de X »
- *Débouter* : « débouter X de ses demandes »
- *Rejeter* : « rejeter, en conséquence, par application de l'article 568 du C. pr. civ., la demande d'évocation formée par X »
- *Statuer* : « il y a lieu de statuer par jugement contradictoire contre X »
- *Juger* : « juger que le licenciement de la salariée est justifié »
- *Donner acte* : « donne acte aux consorts X de leur intervention et reprise d'instance au lieu et place de T décédé, déboute les consorts

X de leurs demandes, fins et conclusions, dans la limite de la saisine, confirme le jugement entrepris »
- *Censurer* : « censurer le jugement rendu par le tribunal »
- *Confirmer* : « confirmer le jugement dont appel en ce qu'il a débouté l'intéressé de sa demande de dommages et intérêts pour non-respect de la procédure de licenciement »
- *Infirmer* : « demander à la cour d'infirmer le jugement déféré, de déclarer sa demande recevable et bien fondée », « la décision déférée sera en conséquence infirmée »

*Verbes avec un sens moins fort*

Verbes avec un sens moins fort mais valeur d'ordre avec effet d'euphémisme : dire, verser, fixer, rappeler, déclarer, laisser, réserver, prononcer, constater, voir, accorder, faire injonction, renvoyer.

- *Dire* (dans le sens de décider) : « dire que le club PSI est responsable des dommages causés par son préposé », « dire qu'en raison des questions à résoudre, des conséquences économiques du litige, des données de l'espèce, il n'apparait pas de bonne justice d'écarter le principe de double degré de juridiction », « dire que le droit de visite et d'hébergement du père s'effectuera de la manière la plus large au gré des parents », « dire que le licenciement de Jeannine G. est justifié par une cause réelle et sérieuse et non par une faute grave », « dire que le médiateur devra accomplir sa mission dans le délai de trois mois », « dire commun et opposable le jugement à intervenir aux trois sociétés appelantes »
- *Verser* (dans le sens d'obliger qqn à payer une somme d'argent) : « il est demandé que le défendeur soit obligé à verser une indemnité de… sur le fondement de l'article 700 du code de procédure civile »
- *Fixer* : « fixe la résidence habituelle de l'enfant au domicile du père », « fixe à 400 euros la contribution que doit verser le père à la mère pour contribuer à l'entretien et l'éducation de l'enfant »
- *Rappeler* : « rappeler au débiteur de la prestation compensatoire qu'il lui appartient d'effectuer chaque année la réévaluation de celle-ci »
- *Déclarer* : « déclarer en conséquence, X irrecevable et mal fondé en cette demande », « déclarer, en conséquence, cette demande

reconventionnelle recevable par application des articles 70 et 567 du C. pr. civ. »

- *Laisser* : « laisser les dépens à la charge de l'État »
- *Réserver* : « réserver les dépens à la charge de l'État »
- *Prononcer* : « prononcer le divorce aux torts partagés des époux »
- *Constater* : « constate que l'ordonnance ayant autorisé la résidence des époux est en date de… », « constate la majorité de l'enfant intervenue le… »
- *Faire injonction* : « le tribunal a fait injonction aux parties de conclure sur le fond pour une prochaine audience »
- *Renvoyer* : « renvoyons le dossier, quant à la décision sur seuls intérêts civils à M. le procureur de la République »

## ANNEXE II
## Langage neutre

Exemples en pénal :

- « Attendu qu'il convient de maintenir les effets du mandat d'arrêt du juge d'instruction délivré le… à l'encontre de X »
- « Attendu qu'il convient toutefois de placer la personne mise en cause sous contrôle judiciaire »
- « Attendu qu'il convient d'ordonner la disjonction de poursuites et en conséquence de renvoyer X devant le tribunal correctionnel et Y devant le tribunal pour enfant »
- « La chambre criminelle vient de rappeler qu'il appartient aux juges de fond de se prononcer sur la transmission de la question de priorité constitutionnelle par priorité et sans délai »
- « Il y a lieu de procéder à un nouvel examen de l'affaire au regard de ces dispositions plus favorables en ce qu'elles restreignent l'étendue de présomption de fausseté du fait dénoncé »

Exemples en civil :

- « Il y aura lieu de rejeter l'intégralité des demandes de Monsieur X qui se heurtent à des contestations sérieuses »
- « Il convient d'indiquer à la cour que X entend régulariser la procédure à l'encontre de ses deux organismes sociaux »
- « Il convient de réviser la contribution à l'entretien et l'éducation et de fixer cette contribution à 400 euros par mois »
- « Considérant qu'il convient d'ordonner une mesure d'expertise afin que la valeur du bien soit déterminée compte tenu de ses caractéristiques propres, dont son état de vétusté »
- « Il appartient aux juridictions judiciaires de connaître des demandes formées contre l'État pour obtenir la réparation des préjudices causés par la Commission des opérations de bourse »
- « Il est donc nécessaire que soit ordonnée une expertise médicale pour pouvoir liquider utilement le préjudice de la victime »

Autres :

- « Il n'est pas sursis à statuer jusqu'à la réception de la décision de la Cour de cassation »
- « Ainsi, ne paraît pas ressortir entrer dans le pouvoir réglementaire l'édiction de la disposition selon laquelle le non-respect des obligations d'information prévues aux articles X ne constitue pas une cause de nullité »
- « d'où il suit qu'étant sans qualité pour agir devant le tribunal d'instance, le syndicat n'est pas recevable à se pourvoir en cassation »
- « Attendu qu'il n'y a pas lieu de statuer par décision spécialement motivée sur les autres branches du moyen, rejette le pourvoi »
- « Il ressort des pièces du dossier soumis aux juges du fond qu'à la suite d'un examen de sa situation fiscale personnelle »
- « Par conséquent, il est demandé au tribunal de bien vouloir fixer un délai supplémentaire au terme duquel la clôture de la procédure de liquidation sera examinée »

## ANNEXE III
## Enchaînement de verbes

Exemples :

- La Cour de cassation (extrait) : « Attendu que le bailleur fait grief à l'arrêt d'avoir dit qu'il était irrecevable à poursuivre son action tendant à voir constater l'acquisition de la clause résolutoire et prononcer la résolution du bail »
- « Il est fait grief à l'arrêt d'avoir statué en examinant seulement l'intérêt de l'enfant »
- « Par la présente, je vous fais sommation d'avoir à m'adresser cette somme sous huit jours »

## ANNEXE IV
## Substantivation du verbe

Substantivation de participe passé :

- Adopter/il a été adopté/l'adopté/celui qui a été adopté (périphrase)
- Assurer/il a été assuré/l'assuré/celui qui a été assuré

Exemples en procédure pénale :

- Accuser/accusé/l'accusé
- Mettre en cause/mis/le mis en cause
- Mettre en examen/mis/le mis en examen
- Détenir/détenu/le détenu
- Inculper/inculpé/l'inculpé
- Interpeler/interpelé/l'interpelé
- Placer en détention/placé/le placé en détention
- Arrêter/arrêté/l'arrêté
- Garder (à vue)/le gardé/le gardé à vue
- Transférer/transféré/le transféré
- Perquisitionner/perquisitionné/le perquisitionné
- Présenter/présenté/le présenté
- Déférer/déféré/le déféré
- Assister/assisté/l'assisté
- Défendre/défendu/le défendu
- Conseiller/conseillé/le conseillé
- Convoquer/convoqué/le convoqué
- Aviser/avisé/l'avisé
- Auditionner/auditionné/l'auditionné
- Entendre/entendu/l'entendu
- Interroger/interrogé/l'interrogé
- Requérir/requis/le requis
- Condamner/condamné/le condamné
- Faire opposition/l'opposé
- Dessaisir/dessaisi/le dessaisi (de dossier)

- Dispenser/dispensé/le dispensé (de peine)
- Exempter/exempté/l'exempté (de peine)
- Interdire/interdit/l'interdit (de territoire)
- Juger/jugé/le jugé
- Relaxer/relaxé/le relaxé
- Assigner/assigné/l'assigné
- Expertiser/expertisé/l'expertisé
- Signifier/signifié/le signifié
- Remettre/remis/le remis (en liberté)

# RÉFÉRENCES BIBLIOGRAPHIQUES


ABDEL HADI, Maher, « La juritraductologie et le problème des équivalences des notions juridiques en droit des pays arabes », *ILCEA*, n° 3, 2002, p. 71-78.

ALLAND, Denis, & RIALS, Stéphane, *Dictionnaire de la culture juridique*, Paris, PUF, Lamy, 2003.

« Anadolu Üniversitesi Hukuk Fakültesi İnsan Hakları Hukuku Projesi, İnsan Hakları Avrupa Mahkemesi İçtihatları » [Projet des droits de l'homme – la jurisprudence de la Cour européenne des droits de l'homme], https://www.anadolu.edu.tr/akademik/fakulteler/ders/121116/insan-haklari-hukuku/ders-icerik

AntConc, http://www.antlab.sci.waseda.ac.jp/software.html

ARTUS, Patrick, « Il est possible de sortir de la déflation, mais la BCE ne fera pas tout pour », *La Tribune*, 5 décembre 2013.

ASTON, Guy, "Corpus use and learning to translate", *Textus*, n° 12, 1999, p. 289-313.

BACHRACH, John Albert et HIRSCHBERG, Lydia, « Une troisième version du 'Dicautom' », http://www.aclweb.org/anthology/C67-1022.

BAKER, Mona, "Corpus Linguistics and Translation Studies : Implications and Applications", *Text and Technology. In Honour of John Sinclair*, ed. M. Baker, G. Francis & E. Tognini-Bonelli, Amsterdam and Philadelphia, John Benjamins, 1993, p. 233-250.

BAKER, Mona, "The Role of Corpora in Investigating the Linguistic Behaviour of Professional Translators", *International Journal of Corpus Linguistics*, vol. 4, n° 2, 1999, p. 281-298.

BAKER, Mona, « Réexplorer la langue de la traduction : une approche par corpus », *Meta*, vol. 43, n° 4, 1998, p. 480-485.

BALIAN, Serge, *Les définitions dans la loi*, Paris, La Maison du dictionnaire, 2014.

Banque Centrale Européenne, *Press conferences in 2017*, https://www.ecb.europa.eu/press/pressconf/2017/html/index.en.html

Banque De France, *Quantitative easing*, 2017, https://abc-economie.banque-france.fr/quantitative-easing

BARBIN, Franck, "Translating Articles in the Humanities and Social Sciences", *EspaceTemps.net*, n° 18, novembre, 2014, http://www.espacestemps.net/articles/translating-articles-in-the-humanities-and-social-sciences

BARBIN, Franck, « Dépasser la dualité en traduction : l'équivalence en matière de questionnaire », *Le double en traduction ou l'(impossible ?) entre-deux*, éd. M. Mariaule et C. Wecksteen, Arras, Artois Presses université, 2011, t. 1, p. 133-144.

BARCELÓ MARTÍNEZ, María Tanagua et DELGADO PUGÉS, Iván, « La traduction assermentée en Espagne et en France : aspects "privés" et étude comparative », *Revista de Llengua i Dret, Journal of Language and Law*, nº 66, 2016, p. 124-135.

BARRAUD, Boris, *La recherche juridique : sciences et pensée du droit*, Paris, L'Harmattan, 2016.

BATHELOT, Bertrand, « Transcréation publicitaire », Définitions Marketing, 2017, http://www.definitions-marketing.com/definition/transcreation-publicitaire

BECIRI, Hélène, « Traduction spécialisée : quelques spécificités de la communication technique asymétrique », Paris, Cahiers du CIEL, 2008.

BENEKE, Jürgen, „Metaphorik in Fachtexten", *Textlinguistik und Fachsprache (Akten des internationalen übersetzungswissenschaftlichen AILA-Symposions Hildesheim, 13-16 April 1987)*, ed. Hg. R. Arntz, Hildesheim/Zürich/New York, Olms, 1988, p. 197-213.

BERNARDINI, Silvia, "Corpora for Translator Education and Translation Practice. Achievements and Challenges", *Language Resources for Translation Work, Research and Training, LREC 2006 Workshop Proceedings*, Genoa, 22-28 May 2006, ed. E. Yuste Rodrigo, Amsterdam, John Benjamins, 2006, p 17-23.

BIBER, Douglas, *Variation across Speech and Writing*, Cambridge, Cambridge University Press, 1998.

BISSARDON, Sébastien, *Guide du langage juridique. Vocabulaire, pièges et difficultés*, 4e éd., Paris, LexisNexis, 2013.

BLASCO MAYOR, María Jesús & DEL POZO TRIVIÑO, Maribel, « La interpretación judicial en España en un momento de cambio », *MonTI, Monographies de Traduction et d'Interprétation*, nº 7, 2015, p. 9-40.

BLONDEEL, Jean, « La Common Law et le droit civil », *Revue internationale de droit comparé*, vol. 3, nº 4, 1951, p. 585-598.

Boletín Oficial del Estado, Orden AEC/2125/2014, de 6 de noviembre, por la que se dictan normas sobre los exámenes para la obtención del título de Traductor-Intérprete Jurado, https://www.boe.es/buscar/doc.php?id=BOE-A-2014-11801

Borsa Italiana, *Bce e Fed : differenze di obiettivi a cavallo, dell'Atlantico*, https://www.borsaitaliana.it/notizie/speciali/politicamonetariaevitareale/europa/bce-fed-obiettivi-differenti/bce-fed-obiettivi-differenti.htm

BOTICARIO GALAVÍS, María Luisa, « Marco regulador del derecho a ser asistido por intérprete. Legislation on the right to be assisted by interpreter », *Revista de Derecho UNED*, nº 11, 2012, p. 93-105.

BOUFFARD, Paula et CAIGNON, Philippe, « Localisation et variation linguistique. Vers une géolinguistique de l'espace virtuel francophone », *Meta*, vol. 51, n° 4, 2006, p. 806-823.

BOULANGER, Pier-Pascale, « Quand les médias traduisent la crise : les métaphores utilisées par la presse généraliste pendant la crise de subprimes », *Meta*, n° 61, Hors-série, 2016, p. 144-162, https://www.erudit.org/fr/revues/meta/2016-v61-meta02902/1038690ar/

BOWKER, Lynne, "Towards a Methodology for a Corpus-Based Approach to Translation Evaluation", *Meta*, vol. 46, n° 2, 2001, p. 345-364, https://www.erudit.org/fr/revues/meta/2001-v46-n2-meta159/002135ar/

BOYÉ, Éric, *L'anglais des contrats internationaux*, Paris, Dunod, 1992.

BREALEY, Richard, LELAND, Hayne & PYLE, David H., "Informational Asymmetries, Financial Structure, and Financial Intermediation", *Journal of Finance*, vol. 32, n° 2, 1977, p. 371-387, https://www2.bc.edu/thomas-chemmanur/phdfincorp/MF891%20papers/Leland%20and%20Pyle%201975.pdf

BRUNOT, Ferdinand, *Histoire de la langue française des origines à 1900*, Paris, Colin, 1905/1933.

Business Insider, *What is Quantitative Easing ?*, 2010, http://www.businessinsider.com/what-is-quantitative-easing-2010-8?IR=T

CAMPHYN, Carole et RAUTENBACH, Pascale, *Anglais : concours d'entrée en écoles de commerce*, Montreuil, Pearson, 2013.

CARBONNIER, Jean, *Droit civil. Introduction*, 26e éd., Paris, PUF, 1999.

CASSIN, Barbara, *Éloge de la traduction – Compliquer l'universel*, Paris, Fayard, 2016.

CATALA, Pierre (éd.), *L'art de la traduction, l'accueil international de l'avant-projet de réforme du droit des obligations*, Paris, Panthéon Assas, 2011.

CATTRYSSE, Patrick, "Multimedia & Translation : Methodological Considerations", *(Multi) Media Translation. Concepts, Practices, and Research*, ed. Y. Gambier & H. Gottlieb, Amsterdam, John Benjamins, 2001, p. 1-12.

CHARREL, Marie, « Rendez-vous en 2015 », *Le Monde*, 7 décembre 2014.

CIGREF, *Veille stratégique : organiser la veille sur les nouvelles technologies de l'information*, Paris, CIGREF, 1998, http://www.cigref.fr/cigref_publications/RapportsContainer/Parus1998/Veille_strategique_1998_web.pdf

Citroën, « Alerte de franchissement involontaire de ligne », 2018a, http://www.citroen.fr/technologie/afil.html

Citroën, « Développement durable », 2018b, https://www.citroen.fr/univers-citroen/environnement-developpement-durable/developpement-durable.html#sticky

CŒURÉ, Benoît, *La politique monétaire dans la zone euro*, 2015, https://www.ecb.europa.eu/press/key/date/2015/html/sp150312.en.pdf

COLIN, Jean-Pierre, *Le gouvernement des juges dans les Communautés européennes*, Paris, LGDJ, 1966.

Constitución Española de 1978, Madrid, Senado, 2001.

CORNU, Gérard, « Les définitions dans la loi », *Mélanges Vincent*, Paris, Dalloz, 1981, p. 77-92.

CORNU, Gérard, *Linguistique juridique*, Paris, Montchrestien, 2005.

CORNU, Gérard, *Vocabulaire juridique*, 11e éd., Paris, PUF, 2016.

CORNU, Marie et MOREAU, Michel, *Traduction du droit et droit de la traduction*, Paris, Dalloz, 2011.

CORNU, Marie, LAMBERTERIE, Isabelle de, SIRINELLI, Pierre & WALLAERT, Catherine, *Dictionnaire comparé du droit d'auteur et du copyright*, Paris, CNRS, 2003.

Cour européenne des droits de l'homme, « Aperçu 1959-2016, CEDH », 2017, http://www.echr.coe.int/Documents/Overview_19592016_FRA.pdf

CRÉPEAU, Paul-André, « La transposition linguistique », *Français juridique et science du droit*, éd. G. SNOW et J. VANDERLINDEN, Bruxelles, Bruylant, 1995.

CRONIN, Michael, *Translation and Globalisation*, London, Routledge, 2003.

DARBELNET, Jean, « Réflexions sur le discours juridique », *Meta*, vol. 24, n° 1, 1979, p. 26-34.

DAVOINE, Lucie et MÉDA, Dominique, *Place et sens du travail en Europe : une singularité française ?*, Noisy-le-Grand, Centre d'Études de l'Emploi, 2008.

DELISLE, Jean et WOODSWORTH, Judith (éd.), *Les traducteurs dans l'histoire*, Ottawa/Paris, Presses de l'université d'Ottawa, Unesco, 1995.

DELMAS-MARTY, Mireille, *Le pluralisme ordonné*, Paris, Seuil, 2006.

DELMAS-MARTY, Mireille, *Towards a Truly Common law*, Cambridge, Cambridge University Press, 2002.

DEPPERT, Alex, *Verstehen und Verständlichkeit. Wissenschaftstexte und die Rolle themaspezifischen Vorwissens*, Wiesbaden, Deutscher Universitäts-Verlag, 2001.

DETRAZ, Stéphane, « Entraves à l'exercice de la justice », *J-Cl. Pénal Code*, art. 434-18, fasc. 20, 2008.

DIDIER, Emmanuel, *Langues et langages du droit*, Montréal, Wilson & Lafleur, 1990.

DIMITRIU, Rodica & FREIGANG, Karl-Heinz (ed.), *Translation Technology in Translation Classes*, Iasi, Institutul European, 2008.

Direction générale de la traduction (DGT), *Web translation as a genre*, Bruxelles, Commission européenne, 2009.

Direction générale du Trésor, « Les services économiques à l'étranger : Singapour », 2018, https://www.tresor.economie.gouv.fr/Ressources/Pays/singapour

DONNEDIEU DE VABRES, Henri, *Précis de droit criminel*, Paris, Dalloz, 1946.

ESSELINK, Bert, *A Practical Guide to Localization*, Amsterdam, John Benjamins, 2000.

ESTOUP, Pierre, *Les jugements civils : principes et méthodes de rédaction*, Paris, Litec, 1988.

EXPÓSITO CASTRO, Carmen, *Análisis de la traducción y terminología francés-español en el contexto jurídico-judicial : las resoluciones judiciales en Francia*, tesis doctoral, dir. M. A. Jurado & J. M. Castellano Martinez, Córdoba, Universidad de Córdoba, 2017.

FALLON, Michel, « L'utilisation de la méthode comparative en droit international privé et en droit européen », http://www.ecoledoctorale-droit.be/documents/fallon0604.pdf

FORNER, „Sinn und Text in technischer Kommunikation. Fachsprachliche Vertextungsstrategien eines häufigen Argumentationsschema – am Beilspiel von französischen Texten zur Elektrotechnik", *Fachsprache und Terminologie in Geschichte und Gegenwart*, ed. Hg. J. Albrecht, R. Baum, Tübingen, Narr, 1992, p. 197-221.

FRISON-ROCHE, Marie-Anne (éd.), *Régulation, Supervision, Compliance*, Paris, Dalloz, coll. Régulations, 2017.

FUSILIER, Évelyne, « Traducteurs et interprètes experts : une exception française ? », *Traduire*, n° 223, 2010, p. 8-37, http://journals.openedition.org/traduire/331

GAMBIER, Yves & GOTTLIEB, Henrik, "Multimedia, Multilingua : Multiple Challenges", *(Multi) Media Translation. Concepts, Practices, and Research*, ed. Y. Gambier & H. Gottlieb, Amsterdam, John Benjamins, 2001, p. VIII-XX.

GARRE, Marianne, *Human Rights in Translation, Legal Concepts in Different Languages*, Copenhagen, Copenhagen Business School Press, 1999.

GARZONE, Giuliana, "Multimodal analysis", *The Handbook of Business Discourse.*, ed. F. Bargiela-Chiappini, Edinburgh, Edinburgh University Press, 2009, p. 155-165.

GAUDU, François, *Les 100 mots du droit*, Paris, PUF, QSJ ?, 2010.

GÉMAR, Jean-Claude, « Aux sources de la "jurilinguistique" : texte juridique, langues et cultures », *Revue française de linguistique appliquée*, n° 1, 2011, p. 9-16.

GÉMAR, Jean-Claude, *Langage du droit et traduction, Essais de jurilinguistique*, Montréal, Linguatech, Conseil de la langue française, 1982.

GERZYMISCH-ARBOGAST, Heidrun, "The role of Sense Relations in Translating Vague Business and Economic Texts", *Translation and Lexicography. A special Monograph*, ed. M. Snell-Hornby, Paintbrush. A Journal of Poetry (Translations and Letters 16), 1989, p. 187-196.

GLANERT, Simone, *De la traductibilité du droit*, Paris, Dalloz, 2011.

GLÄSER, Rosemarie, „Fachsprachen und Funktionalstile. Art. 16", *HSK – Fachsprachen, Languages for Specific Purposes*, (1. Halbband), ed. Hg. L. Hoffmann, H. Kalverkämper & H. E. Wiegand, Berlin, de Gruyter, 1998, p. 199-208.

GODEFROY, Frédéric, *Lexique de l'ancien français*, Paris, Champion, 1990, http://gallica.bnf.fr/ark:/12148/bpt6k4197p

GODIN, Romaric, « À quel jeu joue l'Allemagne ? », *La Tribune*, 15 septembre 2014.

GONDOUIN, Daniel, « Localisation de sites Web : contraintes et enjeux », *Traduction spécialisée : pratiques, théories, formations*, éd. E. Lavault, Bern, Peter Lang, 2007, p. 179-188.

GOUADEC, Daniel, *Guide des métiers de la traduction, de la localisation et de la communication multimédia*, Paris, La Maison du dictionnaire, 2009.

GOUADEC, Daniel, *Le traducteur, la traduction et l'entreprise*, Paris, AFNOR, 1990.

GOUADEC, Daniel, *Traduction signalétique et traduction synoptique*, Paris, La Maison du Dictionnaire, 1999.

GOŹDŹ-ROSZKOWSKI, Stanislaw, & PONTRANDOLFO, Gianluca, "Legal Phraseology Today. Corpus-based Applications Across Legal Languages and Genres", *Fachsprache : international Zeitschrift für Fachsprachenforschung*, n° 3-4, 2015, p. 130-138.

GÖZÜBÜYÜK, Şeref & GÖLCÜKLÜ, Feyyaz, *Avrupa İnsan Hakları Sözleşmesi ve Uygulaması* [La Convention européenne des droits de l'homme et son application], Ankara, Turhan Kitabevi, 7e éd., 2007.

GUIDÈRE, Mathieu, « De la traduction publicitaire à la communication multilingue », *Meta*, vol. 54, n° 3, 2009, p. 417-430.

GUIDÈRE, Mathieu, « Les nouveaux métiers de la traduction », *Hermès, La Revue*, vol. 1, n° 56, 2010, p. 55-62.

GUINBARD, Serge et DEBARD, Thierry, *Lexique des termes juridiques*, Paris, Dalloz, 25e éd., 2017.

HARVEY, Malcolm, "Pardon my French : the Influence of French on Legal English", *Jurilinguistique : entre langues et droits*, éd. J.-Cl. Gémar et N. Kasirer, Bruxelles, Bruylant, Thémis, 2005, p. 261-275.

HARVEY, Malcolm, "What's so Special about Legal Translation ?" *Meta*, vol. 47, n° 2, 2002, p. 177-185.

HARVEY, Malcom, « Traduire l'intraduisible, Stratégies d'équivalence dans la traduction juridique », *Les Cahiers de l'ILCEA*, n° 3, 2000-2001, p. 39-49.

HEYDEN, Benjamin, « D'une culture de Common law à une culture civiliste, la traduction des doublets juridiques anglais en français », DG Traduction, Commission européenne, 2010.

HOLLANDER, Régine, *An introduction to financial English*, Paris, Ellipses, 2013.

HOLMES, Oliver Wendell Jr., *The Common law*, Boston, Little, Brown & Co, 1881, http://www.gutenberg.org/files/2449/2449-h/2449-htm

HOUBERT, Frédéric, *Guide pratique de la traduction juridique*, Paris, La Maison du dictionnaire, 2005.

Hudoc, 2010, http://hudoc.echr.coe.int

HUMBLEY, John, « Terminologie et traduction une complémentarité oubliée ? », *Tralogy, Session 1 – Terminology and Translation/Terminologie et Traduction*, 2011, http://lodel.irevues.inist.fr/tralogy/index.php?id=63

HUNDT, Markus, „Typologie der Wirtschaftssprache : Spekulation oder Notwendigkeit", *Fachsprache International Journal of LSP*, n° 3-4, 1998, p. 98-115.

IATE, *Brochure*, https://iate.europa.eu/info/documentation

Investopedia, "Pump priming", https://www.investopedia.com/terms/s/stimulus-package.asp

Investopedia, "Stimulus package", 2017, http://www.investopedia.com/terms/s/stimulus-package.asp#ixzz4sNGe7hAs

IRIMIA, Dorina, « Pour une nouvelle branche de droit ? La traduction juridique, du droit au langage ? », *Revue Études de linguistique appliquée (ELA)*, n° 183, 2016, p. 329-341.

JAHR, Silke, „Zur Einheit und Differenz der Naturwissenschaften und Geistes- bzw. Sozialwissenschaften", *Fachsprache International Journal of LSP*, n° 1-2, 2005, p. 18-31.

JIMÉNEZ-CRESPO, Miguel Angel, "Conventions in localisation : a corpus study of original vs. translated web texts", *Journal of Specialised Translation*, n° 12, 2009, p. 79-98.

JIMÉNEZ-CRESPO, Miguel Angel, *Translation and Web Localisation.* New York/ London, Routledge, 2013.

JOLOWICZ, John Anthony, *Droit anglais*, Paris, Dalloz, coll. Précis Dalloz, 1986.

JULLIEN, François, *Il n'y a pas d'identité culturelle*, Paris, L'Herne, 2016.

KALVERKÄMPER, Hartwig, „Fach und Fachwissen. Art. 1", *HSK Fachsprachen – Languages for specific purposes*, n° 1, ed. Halbband, Hg. L. Hoffmann, H. Kalverkämper, H. E. Wiegand, Berlin, de Gruyter, 1998, p. 1-24.

KÜBLER, Natalie, "Creating a term base to customize an MT system : reusability of resources and tools from the translator's point of view", *Proceedings of the Language Resources for Translation Work and Research, Workshop of the LREC Conference*, Las Palmas de Gran Canarias, 28 May 2002, ed. E. Yuste Rodrigo, Las Palmas de Gran Canarias, ELRA, 2002.

KÜBLER, Natalie, "Corpora and LSP translation", *Corpora in Translator Education*, ed. F. Zanettin, S. Bernardini & D. Stewart, Manchester, St Jerome, 2003.

KÜBLER, Natalie, "Using Webcorp for building specialized dictionaries", *Proceedings of the ICAME Conference*, Göteborg, May 2002, ed. K. Aijmer, Amsterdam, Rodopi, 2004.

KÜBLER, Natalie, "Working with different corpora in translation teaching", *New Trends in Corpora and Language Learning*, ed. A. Frankenberg-Garcia, L. Flowerdew & G. Aston, London, Continuum, 2011, p. 62-80.

KÜBLER, Natalie, « Traduction pragmatique, linguistique de corpus, traducteur : un ménage à trois explosif ? », Communication présentée au Colloque *Tralogy II*, Paris, 2014.

KÜBLER, Natalie & ASTON, Guy, "Using Corpora in Translation", *The Routledge Handbook of Corpus Linguistics*, ed. M. McCarthy & A. O'Keefe, London, Routledge, 2010, p. 505-515.

KÜBLER, Natalie, BORDET, Geneviève et PECMAN, Mojca, « La linguistique de corpus entretient-elle d'étroites relations avec la traduction pragmatique ? », *Passeurs de mots, passeurs d'espoir : lexicologie, terminologie et traduction face au défi de la diversité*, éd. M. Van Campenhoud, T. Lino et R. Costa, Paris, AUF, 2010, p. 579-592.

KURMEL, Deniz, « Traduction en turc de l'article 5 de la Convention européenne des droits de l'homme : différents types de la détention », *Humanitas*, vol. 5, n° 9, 2017, p. 29-43.

KURMEL, Deniz, *Les droits de l'homme en turc : aménagement ou développement spontané ?*, thèse de doctorat, dir. J. Humbley, Paris, université Paris Diderot, 2014.

LADMIRAL, Jean-René, *Sourcier ou cibliste*, Paris, Les Belles Lettres, Traductologiques, 2014.

LADMIRAL, Jean-René, *Traduire : théorèmes pour la traduction*, 2e éd., Paris, Gallimard, 2002.

LAKÓ, Cristian, "Translating for the Web – The Keyword Oriented Translation Process", *Proceedings of the European Integration – Between Tradition and Modernity Congress* (3), Targu-Mureş, Editura Universităţii Petru Maior, 2009, p. 761-767.

LAKÓ, Cristian, "An onomasiological approach to online marketing", *Proceedings of the International Conference Communication, context, interdisciplinarity* (1), Târgu-Mureş, Editura Universităţii Petru Maior, 2010, p. 417-421.

LAKOFF, George & JOHNSON, Mark, *Metaphors we live by*, Chicago/London, The University of Chicago Press, 1980.

LATHAM, Ronald Edward (ed.), *Dictionary of Medieval Latin from British Sources*, Oxford, Oxford University Press, British Academy, 1934.

LAVIOSA, Sara, "Core Patterns of Lexical Use in Comparable Corpus of English Narrative Prose", *Meta*, vol. 43, n° 4, 1998, p. 557-570.

LEE-JAHNKE, Hannelore, "Teaching medical translation : an easy job ?" *Panace@*, vol. 6, n° 20, 2005, p. 81-84.

LEGEAIS, René, « Exposé introductif », *Traduction du droit et droit de la traduction*, éd. M. Cornu et M. Moreau, Paris, Dalloz, 2011, p. 7-27.

Légifrance, Code de procédure civile, 2018, https://www.legifrance.gouv.fr/affichCode.do?cidTexte=LEGITEXT000006070716

Légifrance, Loi n° 2013-711 du 5 août 2013 portant diverses dispositions d'adaptation dans le domaine de la justice en application du droit de l'Union européenne et des engagements internationaux de la France, *JORF* n° 0181 du 6 août 2013, p. 13338, https://www.legifrance.gouv.fr/affichTexte.do?cidTexte=JORFTEXT000027805521&categorieLien=id

Lerat, Pierre, *Vocabulaire du juriste débutant, Décrypter le langage juridique*, Paris, Ellipses, 2007.

Levasseur, Alain, *Droit des États-Unis*, Paris, Dalloz, 1994.

Lévy, Jean-Philippe et Castaldo, André, *Histoire du Droit Civil*, Paris, Dalloz, 2010.

Ley Orgánica 5/2015, de 27 de abril, por la que se modifican la Ley de Enjuiciamiento Criminal y la Ley Orgánica 6/1985, de 1 de julio, del Poder Judicial, para transponer la Directiva 2010/64/UE, de 20 de octubre de 2010 y la Directiva 2012/13/UE, de 22 de mayo de 2012, *Boletín Oficial del Estado*, https://www.boe.es/diario_boe/txt.php?id=BOE-A-2015-4605

Ley Orgánica 6/1985, de 1 de julio, del Poder Judicial. *Boletín Oficial del Estado*, https://www.boe.es/buscar/doc.php?id=BOE-A-1985-12666

L'Homme, Marie-Claude, « Fonctions lexicales pour représenter les relations sémantiques entre termes », *TAL*, vol. 43, n° 1, 2002, p. 19-41.

L'Homme, Marie-Claude, heid, Ulrich & sager, Juan C., "Terminology the past decade (1994-2004)", *Terminology*, vol. 9, n° 2, 2003, p. 151-161.

L'Homme, Marie-Claude, "A Lexico-semantic Approach to the Structuring of Terminology", *Computerm 2004, Proceedings of the 3rd International Workshop on Computational Terminology*, 29th August 2004, Geneva, Coling, ed. S. Ananiadou & P. Zweigenbaum, Stroudsburg, Association for Computational Linguistics, 2004, p. 7-14.

L'Homme, Marie-Claude, "Using ECL (Explanatory Combinatorial Lexicology) to discover the lexical structure of specialized subject field", *Words, Meanings and other Interesting Things. A Festschrift in Honour of the 80th Anniversary of Professor Igor Alexandrovic Mel'cuk*, ed. Apresjan, J. *et al.*, Moscow, RCK, 2012, p. 378-390.

L'Homme, Marie-Claude, "Using Explanatory and Combinatorial Lexicology to Describe Terms", *Selected Lexical and Grammatical Topics in the Meaning-Text Theory. In Honour of Igor Mel'čuk*, ed. Wanner. L., Amsterdam/Philadelphia, John Benjamin, 2007, http://citeseerx.ist.psu.edu/viewdoc/download?rep=rep1&type=pdf&doi=10.1.1.123.8521

Lobato Patricio, Julia, « La traducción jurídica, judicial y jurada : vías de comunicación con las administraciones », *Entreculturas*, n° 1, 2009, p. 191-206.

Macías Otón, Elena, *Didáctica de la traducción de la terminología jurídica en textos normativos y jurisprudenciales*, tesis doctoral, dir. C. Méndez & S. Muñoz, Vic, Universitat de Vic, 2015.

MACOVEI, Monica, *Libérté et sûreté de la personne. Un guide sur la mise en œuvre de l'article 5 de la Convention européenne des Droits de l'Homme*. Conseil de l'Europe, 2003.

MADDALON, Philippe, « Pourquoi la CJUE crée-t-elle des définitions ? », *Dicodex, Réflexions sur les définitions juridiques codifiées*, éd. J. Lefèbvre, Amiens, CEPRISCA, 2015, p. 213-228.

MADDALON, Philippe, *La notion de marché dans la jurisprudence de la Cour de justice des Communautés européennes*, Paris, LGDJ, 2007.

MARTIN, Javier Muñoz et VALDIVIESO BLANCO, Mariá, « Multilinguisme et asymétrie dans la banque terminologique des institutions européennes », 7e journée scientifique Realiter, « Multilinguisme et pratiques terminologiques », Québec, 1er juin 2011, http://www.realiter.net/wp-content/uploads/2013/06/Javier_Munoz_Martin__Maria_Valdivieso_Blanco.pdf

MATTILA, Heikki, *Jurilinguistique comparée*, Cowansville, Yvon Blais, 2012.

MAURANEN, Anna, "Universal tendencies in translation", *Incorporating Corpora. The Linguist and the Translator*, ed. M. Rogers & G. Anderman, Clevedon, Multilingual Matters, 2007.

MELLINKOFF, David, *The Language of the Law*, Boston, Little, Brown & Co, 1963.

MILETO, Fiorenza & MUZII, Luigi, "Teaching computer-assisted translation and localization : a project based approach", *Teaching Translation and Interpreting : Challenges and Practices*, ed. L. Bogucki, Newcastle, Cambridge Scholars Publishing, 2010, p. 3-14.

MIMIN, Pierre, *Le style des jugements*, Paris, Librairies technique, 1978.

MONJEAN-DECAUDIN, Sylvie, « La traduction juridique », *Études de Linguistique Appliquée*, vol. 3, n° 183, 2016a, p. 263-275.

MONJEAN-DECAUDIN, Sylvie, « Pourquoi traduire un code, hier et aujourd'hui ? », *Journal of Civil Law Studies*, vol. 9, n° 1, 2016b, p. 191-204.

MONJEAN-DECAUDIN, Sylvie, *La traduction du droit dans la procédure judiciaire. Contribution à l'étude de la linguistique juridique*, Paris, Dalloz, Bibliothèque de la Justice, 2012a.

MONJEAN-DECAUDIN, Sylvie, « La notion de "simple traduction" : *Cass crim.*, 11 décembre 2012b, n° de pourvoi 12-86508, non publié au bulletin », site web du Cerije, rubrique *La jurisprudence en bref*, https://www.cerije.eu/1-traduction-interpr%C3%A9tation-et-l-administration-de-la-justice/1-1-la-notion-de-simple-traduction/

MONJEAN-DECAUDIN, Sylvie, « L'Union européenne consacre le droit à l'assistance linguistique dans les procédures pénales », *Revue Trimestrielle de Droit Européen*, vol. 47, n° 4, 2011, p. 763-781.

MONJEAN-DECAUDIN, Sylvie, « Approche juridique de la traduction du droit », CEJEC-wp, 2010/1, https://cejec.parisnanterre.fr/2010/01/13/approche-juridique-de-la-traduction-du-droit/

MONJEAN-DECAUDIN, Sylvie, « Les parémies juridiques : une version en espagnol et en français de leur traduction », *Traducción y Cultura : La Paremia*, éd. G. Ruiz Yepes et C. Valderrey Reñones, Malaga, Libros Encasa, 2007, p. 93-114.

MORÉTEAU, Olivier, *Droit anglais des affaires*, Paris, Dalloz, 2000.

MOWBRAY, Alastair, "The Creativity of the European Court of Human Rights", *Human Rights Law Review*, vol. 5, n° 1, 2005, p. 57-79.

NORD, Christiane, *Translating as a Purposeful Activity : Functionalist Approaches Explained*, Manchester, St. Jerome Publishing, 1997.

OLOHAN, Maeve, *Introducing Corpora in Translation Studies*, London, Routledge, 2004.

Organisation des Nations unies, Division de Traduction, Service Français. *Manuel à l'usage des traducteurs*, SFTR/1/Rev. 3, New York, Nations unies, 1988.

ORTEGA HERRÁEZ, Juan Miguel, *Análisis de la práctica de la interpretación judicial en España : el intérprete frente a su papel profesional*, tesis doctoral, Granada, Universidad de Granada, 2006.

OST, François, *Le droit comme traduction*, Québec, PU Laval, coll. Verbatim, 2010.

OUSTINOFF, Michaël, *Bilinguisme d'écriture et auto-traduction : Julien Green, Samuel Beckett, Vladimir Nabokov*, Paris, L'Harmattan, 2001.

PEARSON, Jennifer, *Terms in Context*, Amsterdam, John Benjamins, 1998.

PELAGE, Jacques, *Éléments de traductologie juridique : application aux langues romanes*, Paris, Launay, 2001.

PERELLAN, Chaïm, *Logique juridique. Nouvelle Rhétorique*, Paris, Dalloz, 1976.

PIC, Elsa, « La traduction multilingue des droits fondamentaux », *Le multilinguisme dans l'Union européenne*, éd. I. Pingel, Paris, Pedone, 2015, p. 31-43.

PIGEON, Louis-Philippe, « La traduction juridique. L'équivalence fonctionnelle », *Langage du droit et traduction*, Québec, Gémar, 1982, p. 271-281.

PINGEL, Isabelle, « Le *Brexit* et le régime linguistique des institutions de l'Union européenne », *Revue trimestrielle de droit européen*, 2017a, p. 657-663.

PINGEL, Isabelle, « Intervention et désintéressée », *Recherche lexicographique en procédure civile*, éd. E. Jeuland et S. Lalani, Paris, IRJS, 2017b, p. 169.

PINGEL, Isabelle, « Les conséquences du Brexit sur le régime linguistique de l'Union européenne », *Annuaire du droit de l'Union européenne*, 2016, p. 85-94.

PINGEL, Isabelle, « Intervention. Cour de justice de l'Union européenne », *Dictionnaire des acteurs de l'Europe*, éd. E. Lambert Abdelgawad et H. Michel, Bruxelles, Larcier, 2015a, p. 225-228.

PINGEL, Isabelle, « Le multilinguisme dans l'Union européenne », *Annuaire du droit de l'Union européenne*, 2015b, p. 107-124.

POMMER, Sieglinde, « Re-evaluating Interdisciplinarity: The Significance of Comparative Law for Legal Translation Methodology », *FIT Proceedings*,

*XVIIth World Congress of the International Federation of Translators, Rights on!, Tampere 4 au 7 août 2005*, Paris, Fédération Française des Traducteurs, 2005.

POMMER, Sieglinde, « Droit comparé et traduction juridique – Réflexions jurilinguistiques sur les principes communs », éd. A. St-Pierre et M. Thibeault, *Actes des XXIe Journées de Linguistique de l'Université Laval, Québec, 8-9 mars 2007*, Québec, Université Laval, 2008, p. 26-30.

PONTRANDOLFO, Gianluca, "Investigating Judicial Phraseology with COSPE, A Contrastive Corpus-Based Study", *Translation and Multilingual Natural Language Processing* (*TMNLP*), Berlin, Language Science Press, 2015, p. 137-160.

PONTRANDOLFO, Gianluca, "Legal Corpora : An Overview", *RITT* (*Rivista Internazionale di Tecnica della Traduzione*), n° 14, 2012, p. 121-136.

POUND, Roscoe, "What Is the Common law", *University of Chicago Law Review*, vol. 4, n° 2, article 3, 1937, p. 176-189, https://chicagounbound.uchicago.edu/uclrev/vol4/iss2/3

PRADEL, Jean, « Collégialité et procédure pénale », *Principes de collégialité et cultures judiciaires, Actes de Colloque*, Bordeaux, Université Montesquieu-Bordeaux IV, 20 et 21 septembre 2007, éd. F. Hourquebie, Bruxelles, Bruylant, 2011.

PRANDI, Michele, *Conceptual Conflicts in Metaphor and Figurative Language*, New York-London, Routledge, 2017.

PÜTZ, Andrea, „Public Relations als Wirtschaftskommunikation im interkulturellen Kontext", *Interkulturelle Kommunikation. Kongressbeiträge zur*, n° 20, 1990, p. 185-186.

PricewaterhouseCoopers, *UK Economic Outlook : July 2013*, London, 2013, http://www.pwc.com/im/en/publications/assets/ukeo_full_report_july_2013.pdf

PYM, Anthony *et al*, *Translation Technology and its Teaching (with much mention of localization)*, Tarragona, Intercultural Studies Group, Universitat Rovira i Virgili, 2006.

PYM, Anthony, *The Moving Text. Localization, translation, and distribution*, Amsterdam and Philadelphia, John Benjamins, 2004.

RANDOW, Elise von, „Aspekte sozialwissenschaftlicher, insbesondere soziologischer Fachtexte", *Interkulturelle Kommunikation. Kongressbeiträge zur*, n° 20, 1990, p. 146.

Real Decreto 2002/2009, de 23 de diciembre, por el que se modifica el Reglamento de la Oficina de Interpretación de Lenguas del Ministerio de Asuntos Exteriores, aprobado por Real Decreto 2555/1977, de 27 de agosto, *Boletín Oficial del Estado*, 24 de diciembre de 2014, p. 109229-109234.

RELMY, Jean-Pierre, « Le droit de la traduction, Contribution à l'étude du droit du langage », *Lettre de Recherche Droit et Justice*, n° 34, 2010, p. 12.

RENÉ, David, *Les grands systèmes de droit contemporains*, Paris, Dalloz, 1978.

RICHARD, Isabelle, « Le *Common Law* est une femme… et quelle femme ! », *Miranda* [Online], n° 12, 2016, https://journals.openedition.org/miranda/8686

RIKE, Sissel Marie, "Bilingual corporate websites – from translation to transcreation ?", *Journal of Specialised Translation*, n° 20, 2013, p. 68-85.

ROJO CHACÓN, Araceli, « La transposición al Derecho Nacional de la Directiva Europea 2010/64/UE en España, Francia, Bélgica y Luxemburgo : "Lost in transposition" », *FITISPos International Journal*, n° 2, 2015, p. 94-109.

RUIZ-FABRI, Hélène *et al.*, *Revisiting Van Gend en Loos*, Paris, Société de législation comparée, 2014.

SACCO, Rodolfo, *L'interprétation des textes juridiques rédigés en plus d'une langue*, Turin, L'Harmattan Italia, ISAIDAT, 2002.

SACCO, Rodolfo, *Les frontières avancées du savoir du juriste – l'anthropologie juridique et la traductologie juridique*, Bruxelles, Bruylant, 2011.

SACCO, Rodolfo et CASTELLANI, Leonardo, *Les multiples langues du droit européen uniforme*, Turin et Paris, L'Harmattan Italia, 1999.

SAINT ROBERT, Marie-Josée de, « Rôle et place de la traduction dans les organisations internationales », *Traductologie et géopolitique*, éd. Mathieu Guidère, Paris, L'Harmattan, 2015, p. 77-100.

SAINT ROBERT, Marie-Josée de, « Le discours spécialisé à l'ONU : chances et défis pour le traducteur », *Traduire*, n° 228, SFT (Syndicat national des traducteurs professionnels), 2013, p. 6-21.

SANDRINI, Peter, "Localization and Translation", *MuTra Journal*, n° 2, 2008, p. 167-191.

SELESKOVITCH, Danica et LEDERER, Marianne, *Interpréter pour traduire*, Paris, Didier érudition, 1986.

SHULMAN, David, BRAND, Susan G., and LEVINE, Sharon M., "The Goldilocks Economy : Keeping the Bears at Bay", New York, Salomon Brothers United States Equity Research, 1992.

SINCLAIR, John McHardy, "Corpus and text-basic principles", *Developing Linguistic Corpora : a Guide to Good Practice*, ed. M. Wynne, Oxford, Oxbow Books, 2004, p. 1-16.

SINCLAIR, John McHardy, "The search for units of meaning", *Textus*, vol. 9, 1996, p. 75-106.

SINCLAIR, John McHardy, *Corpus, Concordance, Collocation*, Oxford, Oxford University Press, 1991.

SMITH, Tom W., "Developing comparable questions in cross-national surveys", *Cross-Cultural Survey Methods*, ed. J. A. Harkness, F. J. R. Van de Vijver and P. Ph. Mohler, New York, John Wiley & Sons, 2003, p. 69-92.

SORRENTINO, Riccardo, "Le banche centrali e la sfida delle parole", *Il Sole 24 Ore*, 4 août 2013.

SOURIOUX, Jean-Louis et LERAT, Pierre, *Le langage du droit*, Paris, PUF, 1975.
SOUTHEY, Robert, *The Doctor, &c*, New York, Harper & brothers, 1834-1847, 7 vol.
STOLZE, Radegundis, *The Translator's Approach – Introduction to Translational Hermeneutics. Theory and Examples from Practice*, Berlin, Frank & Timme, 2011.
STOLZE, Radegundis, *Fachübersetzen – Ein Lehrbuch für Theorie und Praxis*, Berlin, Frank & Timme, 2009.
SUDRE, Frédéric, « Le recours aux "notions autonomes" », *L'interprétation de la Convention européenne des droits de l'homme*, Bruxelles, Bruylant, 1998, p. 93-131.
SUDRE, Frédéric, *Droit européen et international des droits de l'homme*. Paris, PUF, 8e éd., 2006.
*T.C. Resmi Gazete* [Journal Officiel], 19/03/1954, n° 8662, www.resmigazete.gov.tr
TEITGEN, Pierre-Henri, *Droit institutionnel communautaire*, Paris, Les Cours du droit, 1977-1978.
TIZZANO, Antonio, « Notes sur le rôle de la Cour de justice de l'Union européenne », *Mélanges en l'honneur de Paolo Mengozzi*, éd. V. Kronenberger, M. T. D'Alesio et V. Placco, Bruxelles, Bruylant, 2013, p. 223-244.
TOUFFAIT, Adolphe et MALLET, Louis, *La mort des attendus ?*, Paris, Dalloz-Sirey, 1968.
Mevzuat Bilgi Sistemi [système d'information sur la législation], http://www.mevzuat.gov.tr
TRÖMEL-PLÖTZ, Senta, "Languages of oppression", *Journal of Pragmatics*, vol. 5, n° 1, 1981, p. 67-80.
TYMOCZKO, Maria, "Computerized Corpora and the Future of Translation Studies", *Meta*, vol. 43, n° 4, 1998, p. 652-660.
UNTERM [United Nations Terminology Database], https://unterm.un.org/UNTERM/portal/welcome
UTHER, Hans-Jörg, *The Types of International Folktales : A Classification and Bibliography Based on the System of Antti Aarne and Stith Thompson*, Helsinki, Academia Scientiarum Fennica, 2011, 3 vol.
VARANTOLA, Krista, "Translators and disposable corpora", *Corpora in Translator Education*, ed. F. Zanettin, S. Bernardini & D. Stewart, Manchester, St. Jerome, 2003, p. 55-70.
VARANTOLA, Krista, "Translators, Dictionaries and Text Corpora", *I corpora nella didattica della traduzione*, ed. S. Bernardini & F. Zanettin, Bologna, CLUEB, 2000, p. 117-133.
VECCHI, Dardo de, « La terminologie de la communication d'entreprise : bases d'une pragmaterminologie », *Cahier du C.I.E.L. Des fondements théoriques de la terminologie*, 2004, p. 71-83.
VERMEER, Hans Joseph, *A skopos theory of translation (some arguments for and against)*, Heidelberg, TEXTconTEXT, 1996.

VERMEER, Hans Joseph, "Skopos and Commission in Translational Action", *Readings in Translation Theory*, ed. A. Chesterman, Helsinki, Oy Finn Lectura Ab, 1989, p. 173-187.

VERMEER, Hans Joseph, « Ein Rahmen für eine allgemeine Translationstheorie», *Lebende Sprachen*, vol. 23, n° 3, 1978, p. 99-102.

VINAY, Jean-Paul & DARBELNET, Jean, *Stylistique comparée du français et de l'anglais*, Paris, Didier, 1958.

VOLCLAIR, Alain, « Traduire en français le jugement d'un tribunal civil de premier degré italien. Ignorance de la langue contractuelle et annulabilité du contrat », *Traduttori e giuristi a confronto. Interpretazione traducente e comparazione del discorso giuridico*, ed. L. Schena, & R. D. Snel Trampus, Bologna, CLUEB, vol. 1, 2000, p. 93-121.

WEISS, Bert, „Lernziel Explizität : Hauptschwierigkeiten frankophoner Studenten beim Übersetzen französischer Wirtschaftstexte ins Deutsche", *Fachsprache und Terminologie in Geschichte und Gegenwart*, ed. Hg. J. Albrecht & R. Baum, Tübingen, Narr, 1992, p. 302-318.

ZANETTIN, Federico, "Bilingual Comparable Corpora and the Training of Translators", *Meta*, vol. 43, n° 4, 1998, p. 616-630, http://id.erudit.org/iderudit/004638ar

ZANETTIN, Federico, BERNARDINI, Silvia & STEWART, Dominic, (ed.), *Corpora in Translator Education*, Manchester, St. Jerome, 2003.

# INDEX DES NOMS

# RÉSUMÉS

Franck BARBIN et Sylvie MONJEAN-DECAUDIN, « Introduction »

La pratique de la traduction juridique et économique se démarque des autres types de traduction, mais les spécificités intrinsèques de chacune de ces disciplines requièrent une analyse propre et affinée. Cet ouvrage collectif traite sous des angles variés des problématiques liées à la traduction de ces deux domaines.

Sylvie MONJEAN-DECAUDIN, « La juritraductologie, où en est-on en 2018 ? »

À partir des années soixante-dix, la réflexion fondamentale sur les rapports entre droit et langue s'est développée afin de répondre à des problématiques liées à la formulation juridique. À la fin du XX^e siècle, les études dédiées spécifiquement à la traduction des textes de droit préfigurent le développement d'une juritraductologie. Cette nouvelle discipline se fonde sur deux axes : le droit de la traduction et la traduction du droit.

Franck BARBIN, « Spécificités de la traduction économique, financière et commerciale »

Une fois circonscrit et défini le vaste domaine concerné par la traduction économique, financière et commerciale, ce chapitre dresse une typologie des documents sources possibles et en propose un traitement traductif pour chaque type, en fournissant plusieurs exemples concrets de traduction. Ce genre de traduction ne se limite pas à résoudre des difficultés d'ordre terminologique et phraséologique, mais présuppose d'effectuer une réelle analyse économique du document.

Marie-Josée DE SAINT ROBERT, « La traduction à l'ONU »

La traduction dans une organisation internationale au service de la paix et de la sécurité répond à des exigences dont doit être parfaitement conscient le traducteur. Ces exigences, présentées brièvement dans ce chapitre, ont non seulement une incidence sur la pratique traductive mais apporte un éclairage nouveau sur la théorie de la traduction et le fonctionnement de la langue en milieu international multilingue.

Isabelle PINGEL, « Le droit en partage dans l'Union européenne. Définitions et traductions »

Le droit est indissociable du vocabulaire juridique, par lequel il s'exprime. La définition des concepts qui le fondent confère donc aux institutions qui en ont la charge un pouvoir central d'orientation des comportements. L'application uniforme de la législation qui les énonce suppose, dans une Union de 28 États membres : a) la traduction des règles adoptées dans les 24 langues officielles de l'organisation ; b) le partage du vocabulaire multilingue, que permet la base terminologique IATE.

Deniz KURMEL, « La traduction en turc des concepts autonomes de la Convention européenne des droits de l'homme »

Avec une analyse contextuelle menée au sein des corpus de la jurisprudence de la Cour européenne des droits de l'homme composé des arrêts relatifs à l'article 5 de la Convention européenne des droits de l'homme, en se basant sur l'approche lexico-sémantique en terminologie, cet article met en lumière les distinctions sémantiques que la « détention » et ses équivalents en turc possèdent.

Danio MALDUSSI, « Aspects perlocutoires, discursifs et traductionnels dans la terminologie de la BCE. Un regard franco-italien »

L'analyse de la structure des noms relationnels et des stratégies discursives s'avère incontournable, en particulier pour les paradigmes de communication importés.

Joëlle POPINEAU, « La juritraductologie comme outil didactique pour la traduction des concepts en français et en anglais »

Les langues juridiques française et anglaise puisent leurs origines dans deux représentations distinctes du droit. Le droit civil romano-germanique et la common law ont ainsi fait émerger des concepts juridiques différents. Le principe fondateur de la juritraductologie « ce qui est comparable est traduisible » permet de développer de nouvelles stratégies pour traduire le droit sans le trahir.

Radegundis STOLZE, « L'approche globale en traduction économique »

Le traducteur en sciences humaines a besoin de connaissances spécialisées des théories sous-jacentes et de la construction des termes. Pour accomplir sa tâche, le traducteur emploiera une approche globale envisageant son texte de manière d'abord macroscopique et seulement plus tard microscopique, indépendamment des structures syntaxiques. Pour ce faire, il a besoin de certains champs d'orientation pour comprendre et pour écrire. Ceci est démontré par plusieurs exemples concrets.

Gabriella SERRONE, « Les corpus au service de la traduction juridique »

Le présent chapitre montre que l'analyse de données tirées de corpus de documents authentiques peut aider le traducteur de textes juridiques à mieux connaître les nuances du champ lexico-sémantique, syntaxique et pragmatique d'un mot en contexte et, par conséquent, à traduire de façon experte. Cette contribution examine des cas susceptibles de poser problème à un traducteur, opérant du français vers l'italien, pour lesquels l'approche par corpus peut apporter des indications utiles.

Márta KÓBOR, « Optimisation terminologique dans la traduction de sites web d'entreprises »

Basé sur un corpus de traductions de sites web B2C, ce chapitre présente quelques spécificités de ce type d'activité. Afin qu'un site traduit soit d'abord référencé par des moteurs de recherche et puis retrouvé par des internautes, il faut que la terminologie utilisée soit « optimisée » en fonction des attentes des internautes souvent peu initiés et des exigences des moteurs de recherche qui jouent un rôle particulièrement important dans la communication multilingue de nos jours.

Carmen Expósito Castro, « La pratique professionnelle du traducteur et de l'interprète assermenté, juridique et judiciaire »

Le diplôme de « Traducteur/trice – Interprète Assermenté/e », que l'on obtient en passant un examen officiel organisé par le ministère des Affaires étrangères, est obligatoire pour pouvoir effectuer des traductions certifiées. En revanche, la profession de traducteur judiciaire n'exige aucun diplôme pour être exercée. En France, les conditions à réunir pour l'exercice de la traduction assermentée diffèrent de celles de l'Espagne.

Dorina Irimia, « Le traducteur confronté à la traduction des actes judiciaires »

Le chapitre rend compte des difficultés de la traduction des actes judiciaires auxquelles est confronté le traducteur. C'est le droit qui est difficile. Les actes judiciaires sont rédigés sous forme de discours législatif et judiciaire, chaque discours ayant son propre style. Le traducteur maîtrise le vocabulaire juridique, suit le changement du droit et affirme les spécificités de chaque système. Quelques techniques sont décrites et appuyées par des exemples concrets énumérés en annexes.

# TABLE DES MATIÈRES